O MANIFESTO COMUNISTA

★

KARL MARX
FRIEDRICH ENGELS

FUNDAÇÃO FRIEDRICH ENGELS

O Manifesto Comunista
Karl Marx & Friedrich Engels
Tradução: Grupo de tradutores da Fundação Friedrich Engels

Primeira edição: Setembro de 2021

ISBN: 978-84-16285-63-1
DL: M-25558-2021

Publicado e distribuído por:
Fundación Federico Engels
www.fundacionfedericoengels.net
libreria@fundacionfedericoengels.net
esquerdarevolucionariapt@gmail.com

Índice

APÊNDICES

Manifesto do Partido Comunista

Um espectro assombra a Europa — o espectro do comunismo. Todos os poderes da velha Europa se uniram numa santa aliança para exorcizar este espectro: o papa e o czar, Metternich e Guizot,[1] os radicais franceses e os polícias alemães.

Onde está o partido da oposição que não foi ainda denunciado como comunista pelos seus oponentes no poder? Onde está o partido da oposição que não lançou de volta este epíteto estigmatizante do comunismo, tanto contra

1. O Papa Pio IX, eleito ao trono em 1846, considerava-se então um "liberal", mas era tão inimigo do socialismo como o czar russo Nicolau I, que já antes da revolução de 1848 desempenhava o papel de gendarme da Europa. Klemens von Metternich, chanceler do Império austríaco e um dos organizadores da Santa Aliança (agrupamento reaccionário de monarquias europeias fundado em 1815 pela Rússia, Áustria e Prússia para esmagar os movimentos revolucionários em alguns países e manter os regimes monárquico-feudais), estabeleceu por aquela altura contactos com Guizot, proeminente historiador e ministro francês, ideólogo da grande burguesia da finança e da indústria e inimigo irreconciliável do proletariado. A pedido do governo prussiano, Guizot baniu Marx de França. Os polícias alemães não davam paz aos comunistas não só na Alemanha, como também em França, na Bélgica e até na Suíça, procurando impedir a sua propaganda com todas as forças e por todos os meios.

os representantes mais progressistas da oposição como contra os seus oponentes reaccionários?

Duas coisas se depreendem deste facto:

Que o comunismo é já reconhecido como uma força por todas as potências da Europa.

Que é já hora de os comunistas exporem ao mundo inteiro as suas ideias, os seus fins e as suas tendências; de oporem à lenda do espectro do comunismo um manifesto do próprio partido.

Com este fim, comunistas de diversas nacionalidades reuniram-se em Londres e redigiram o seguinte manifesto, que será publicado em inglês, francês, alemão, italiano, flamengo e dinamarquês.

I. Burgueses e proletários[2]

A história de todas as sociedades até aos nossos dias[3] é a história das lutas de classes.

---

2. Por burguesia entende-se a classe dos capitalistas modernos, proprietários dos meios de produção social e empregadores de trabalho assalariado. Por proletariado entende-se a classe dos trabalhadores assalariados modernos que, privados de meios de produção próprios, se vêem obrigados a vender a sua força de trabalho para poder viver. (Nota de Engels à edição inglesa de 1888)
3. Isto é, toda a história escrita. Em 1847, a pré-história da sociedade, a organização social existente antes da história registada, era quase desconhecida. Posteriormente, Haxthausen descobriu, na Rússia, a propriedade comunal da terra; Maurer provou ser essa a base social da qual partiram historicamente todas as tribos germânicas, e descobriu-se gradualmente que a comunidade rural, com a propriedade colectiva da terra, foi a forma primitiva da sociedade em todo o lado, desde a Índia até à Irlanda. A organização interna da sociedade comunista primitiva foi revelada, na sua forma típica, pelo culminante descobrimento de Morgan da verdadeira natureza da gens e do seu lugar na tribo. Com a desintegração destas comunidades primitivas começou a diferenciação da sociedade em classes distintas e, finalmente, antagónicas. Tentei analisar esta desintegração na obra *A Origem da Família, da Propriedade Privada e do Estado*, 2ª ed., Stuttgart, 1886. (Nota de Engels à edição inglesa de 1888)

Homens livres e escravos, patrícios e plebeus, senhores e servos, mestres[4] e oficiais, sucintamente, opressores e oprimidos encontraram-se sempre em oposição mútua, travaram uma luta ininterrupta, ora velada, ora aberta; uma luta que terminou sempre com a reorganização revolucionária de toda a sociedade ou com a ruína comum das classes em luta.

Nas anteriores épocas históricas, encontramos por quase todas as partes uma complexa organização da sociedade em variados estados, uma gradação múltipla de posições sociais. Na Roma antiga, temos os patrícios, os cavaleiros, os plebeus, os escravos; na Idade Média, senhores feudais, vassalos, mestres de ofício, oficiais e servos; e uma vez mais, em cada uma destas classes, encontramos gradações especiais.

A moderna sociedade burguesa, surgida das ruínas da sociedade feudal, não aboliu os antagonismos de classe. Tão somente estabeleceu novas classes, novas condições de opressão, novas formas de luta no lugar das velhas.

Haxthausen, August von (1792-1866): barão prussiano que recebeu a permissão de Nicolau I para viajar à Rússia com o objectivo de estudar o regime agrário e a vida do campesinato russo (1843-1844). Autor de uma obra que descreve os resquícios do regime comunal nas relações agrárias da Rússia. || Maurer, Georg Ludwig von (1790-1872): historiador alemão, investigador do regime social da Alemanha antiga e medieval; deu um grande contributo à história da comunidade medieval. || Morgan, Lewis Henry (1818-1881): etnógrafo, arqueólogo e historiador estado-unidense. Baseando-se em abundantes dados etnográficos, recolhidos no estudo do regime social e da vida dos indígenas norte-americanos, estabeleceu a teoria do desenvolvimento da gens como forma principal de parentesco da comunidade primitiva. Tentou, além disto, criar um quadro de periodização da história da sociedade pré-classista. Marx e Engels deram um altíssimo valor ao trabalho de Morgan. Marx fez um resumo detalhado do seu livro, *Ancient Society*, e Engels citou Morgan profusamente no seu livro *A Origem da Família, da Propriedade Privada e do Estado*.

4. Zunftbürger, isto é, membro de uma guilda com todos os direitos, mestre na mesma, não o seu dirigente. (Nota de Engels à edição inglesa de 1888)

A nossa época, a época da burguesia, distingue-se, no entanto, por ter simplificado os antagonismos de classe. A sociedade, como um todo, está cada vez mais a dividir-se em dois grandes campos hostis, em duas grandes classes que se enfrentam: a burguesia e o proletariado.

Dos servos da Idade Média surgiram os moradores livres das primeiras cidades. Deste estado urbano desenvolveram-se os primeiros elementos da burguesia.

A descoberta da América, a circum-navegação de África, abriram à burguesia ascendente um novo campo de actividade. Os mercados da Índia e da China, a colonização da América, o comércio com as colónias, a multiplicação dos meios de troca e das mercadorias em geral, imprimiram ao comércio, à navegação, à indústria, um impulso nunca antes conhecido, acelerando assim o desenvolvimento do elemento revolucionário da sociedade feudal em desmoronamento.

O sistema feudal de indústria, no qual a produção era monopolizada por guildas, já não satisfazia a procura crescente dos novos mercados. O seu lugar foi tomado pela manufactura. Os mestres das guildas foram suplantados pelo estado médio industrial. A divisão do trabalho entre as diferentes guildas corporativas desapareceu ante a divisão do trabalho no seio de cada oficina.

Entretanto, os mercados cresciam sem cessar, a procura continuava a aumentar. Nem mesmo a manufactura bastava. O vapor e a maquinaria revolucionaram então a produção industrial. O lugar da manufactura foi tomado pela gigantesca indústria moderna; o lugar do estado médio industrial foi ocupado pelos industriais milionários — chefes de autênticos exércitos industriais —, os burgueses modernos.

A grande indústria criou o mercado mundial, para o qual o descobrimento da América abriu o caminho. Este mercado deu um imenso desenvolvimento ao comércio, à navegação, aos transportes terrestres. Este desenvolvimento, por sua vez, influiu na expansão da indústria, e na mesma medida em que a indústria, o comércio, a navegação e os caminhos de ferro se expandiam, a burguesia desenvolvia-se, multiplicando o seu capital e relegando para segundo plano todas as classes herdadas da Idade Média.

Vemos, portanto, como a burguesia moderna é ela própria o produto de um longo processo de desenvolvimento, de uma série de revoluções no modo de produção e de troca.

Cada estágio do desenvolvimento da burguesia fez-se acompanhar de um correspondente progresso político. Ordem social oprimida sob a dominação dos senhores feudais, associação armada e autónoma na comuna[5] — aqui cidade-república independente, acolá terceiro estado tributário da monarquia[6] —; depois, durante o período da manufactura, contrapeso da nobreza nas monarquias de estados e monarquias absolutas, e, em geral, pedra angular das grandes monarquias; finalmente, após o estabelecimento da grande indústria e do mercado mundial, a burguesia conquistou para si, no moderno Estado representativo, a dominação política exclusiva. O moderno poder de Estado não passa de um comité de gestão dos negócios comuns de toda a classe burguesa.

A burguesia desempenhou na história um papel altamente revolucionário.

5. Em França, dava-se o nome de *comunas* às nascentes cidades antes de estas terem conquistado dos seus amos feudais a autonomia e os direitos políticos como "terceiro estado". Em termos gerais, aqui foi tomada a Inglaterra como o país típico do desenvolvimento económico da burguesia, e a França como país típico do seu desenvolvimento político. (Nota de Engels à edição inglesa de 1888)

   Assim denominavam os habitantes das cidades de Itália e França as suas comunidades urbanas, uma vez comprados ou arrancados aos senhores feudais os primeiros direitos de autonomia. (Nota de Engels à edição alemã de 1890)

6. Na edição inglesa de 1888, redigida por Engels, depois de "cidade-república independente" acrescentou-se: "como em Itália e na Alemanha". E depois de "terceiro estado tributário da monarquia" acrescentou-se: "como em França".

Onde conquistou o poder, a burguesia destruiu as relações feudais, patriarcais, idílicas; rompeu sem piedade os variados laços feudais que atavam pessoas aos seus "superiores naturais", e não deixou outro vínculo entre seres humanos além do interesse nu, do cruel "pagamento a dinheiro". Afogou nas águas geladas do cálculo egoísta o sagrado êxtase do fervor religioso, a exaltação cavalheiresca e o sentimentalismo pequeno-burguês. Converteu a dignidade pessoal num simples valor de troca e, no lugar das liberdades certificadas e adquiridas, estabeleceu sem escrúpulos uma única liberdade: a liberdade de comércio. Numa palavra, à exploração velada por ilusões religiosas e políticas substituiu a exploração nua, desavergonhada, directa e brutal.

A burguesia despojou da sua auréola todas as profissões que até então se tinham por veneráveis e dignas de pia reverência. Converteu o médico, o jurista, o sacerdote, o poeta, o homem de ciência, em seus serventes assalariados.

A burguesia arrancou o véu de sentimentalismo que encobria as relações familiares, reduzindo-as a meras relações de dinheiro.

A burguesia revelou como a brutal exibição de força da Idade Média, tão admirada pela reacção, tinha o seu complemento natural na mais insolente preguiça. Foi ela a primeira a demonstrar o que pode realizar a actividade humana; alcançou maravilhas muito diferentes das pirâmides egípcias, dos aquedutos romanos, das catedrais góticas; conduziu expedições muito distintas das migrações de povos ou das cruzadas.[7]

A burguesia não pode existir sem revolucionar incessantemente os instrumentos de produção, por conseguinte, as relações de produção e, com elas, todas as relações sociais. A conservação dos velhos modos de produção

7. Expedições militares de conquista do Médio Oriente empreendidas pelos senhores feudais e pelas ordens militares da Europa ocidental entre os séculos XI e XIII, com a justificação de arrebatar aos muçulmanos o controlo da "Terra Santa".

sob uma forma inalterada foi, pelo contrário, a primeira condição da existência de todas as classes industriais precedentes. O contínuo revolucionamento da produção, a perturbação ininterrupta de todas as condições sociais, a perpétua incerteza e agitação distinguem a época burguesa de todas as anteriores. Todas as relações estanques e ferrugentas, com o seu cortejo de antigas e veneradas crenças e opiniões, são dissolvidas, todas as novas se fazem velhas antes de ossificar-se. Todos os estados e tudo o que é estável se esfuma, tudo o que é sagrado se profana, e os seres humanos são por fim forçados a encarar com um olhar sóbrio as suas reais condições de vida e as suas relações recíprocas.

A necessidade de um mercado em constante expansão para os seus produtos persegue a burguesia por todo o globo. Tem de implantar-se por toda a parte, estabelecer-se por toda a parte, criar ligações por toda a parte.

Através da exploração do mercado mundial, a burguesia deu um carácter cosmopolita à produção e ao consumo em todos os países. Para grande desgosto dos reaccionários, tirou à indústria o solo nacional onde esta assentava. As antigas indústrias nacionais foram destruídas ou estão a ser destruídas a cada dia. São suplantadas por novas indústrias cuja produção se torna uma questão vital para todas as nações civilizadas, por indústrias que já não empregam matérias-primas nativas, senão matérias-primas vindas das mais longínquas regiões, e cujos produtos não só são consumidos no próprio país, mas simultaneamente por todo o globo. No lugar das velhas necessidades, satisfeitas pela produção nacional, surgem novas necessidades que exigem para sua satisfação os produtos de terras e climas distantes. No lugar da velha auto-suficiência e reclusão local e nacional, temos um intercâmbio em todas as direcções, uma interdependência entre as nações. E tal como se dá na produção material, dá-se na produção intelectual. Os produtos intelectuais de uma nação singular tornam-se património comum de todas a nações.

A unilateralidade e estreiteza nacionais tornam-se a cada dia mais impossíveis; das numerosas literaturas nacionais é formada uma literatura universal.

A burguesia, pelo rápido aperfeiçoamento de todos os instrumentos de produção, pelos imensamente facilitados meios de comunicação, arrasta todas as nações, até mesmo as mais bárbaras, para a civilização. Os preços baratos das suas mercadorias constituem a artilharia pesada com a qual derruba todas as muralhas da China, com a qual força à capitulação o intenso e obstinado ódio dos bárbaros pelos estrangeiros. Compele todas as nações, sob pena de extinção, a adoptar o modo de produção burguês; compele-as a introduzir no seu meio aquilo a que chama civilização, *i.e.*, a tornarem-se burguesas elas próprias. Numa palavra, cria o mundo à sua imagem.

A burguesia submeteu o campo ao domínio da cidade. Criou cidades enormes, aumentou grandemente a população urbana em comparação com a rural, e arrancou assim uma considerável parte da população à idiotia da vida rural. Do mesmo modo que submeteu o campo à cidade, subordinou os países bárbaros e semibárbaros aos países civilizados, os povos camponeses aos povos burgueses, o Oriente ao Ocidente.

A burguesia diminui cada vez mais a fragmentação dos meios de produção, da propriedade e da população. Aglomerou a população, centralizou os meios de produção e concentrou a propriedade nas mãos de uns poucos. A consequência inevitável disto foi a centralização política. As províncias independentes ou ligadas entre si quase somente por laços federais, com interesses, leis, governos e taxas aduaneiras diferentes, foram aglutinadas numa única nação, sob um único governo, sob uma única lei, com um único interesse nacional de classe e uma única linha aduaneira.

A burguesia, durante a sua dominação de classe com escassos cem anos, criou mais massivas e colossais forças produtivas do que todas as gerações anteriores juntas.

Subjugação das forças da natureza, aplicação de maquinaria e da química à indústria e agricultura, o barco a vapor, os caminhos-de-ferro, o telégrafo eléctrico, desbravamento de continentes inteiros para o cultivo, a abertura dos rios à navegação, populações inteiras a surgir como se conjuradas do próprio chão — que século precedente teve sequer o pressentimento de que tamanhas forças produtivas existiam dormentes no seio do trabalho social?

Vemos, portanto, que os meios de produção e de troca sobre os quais se formou a burguesia foram criados na sociedade feudal. Num certo estágio de desenvolvimento destes meios de produção e de troca, as condições sob as quais a sociedade feudal produzia e trocava, a organização feudal da agricultura, a indústria manufactureira — numa palavra, as relações feudais de propriedade — deixaram de corresponder às forças produtivas já desenvolvidas. Travavam a produção em vez de a impulsionarem; tornaram-se grilhões. Tinham de estourar, e estouraram.

Em seu lugar foi estabelecida a livre concorrência, com uma constituição social e política adequada a si, a dominação económica e política da classe burguesa.

Um movimento similar dá-se diante dos nossos olhos. A moderna sociedade burguesa, com as suas relações de produção, de troca e de propriedade, a sociedade que conjurou tão gigantescos meios de produção e de troca, assemelha-se ao feiticeiro que já não é capaz de controlar os poderes do submundo que ele próprio invocou com os seus feitiços.

Desde há algumas décadas que a história da indústria e do comércio não é mais do que a história da rebelião das forças produtivas modernas contra as actuais relações de produção, contra as relações de propriedade que são condição para a existência e dominação da burguesia. Basta mencionar as crises comerciais que, regressando periodicamente, põem cada vez mais ameaçadoramente em causa a própria existência da sociedade burguesa. Nas crises comerciais uma grande parte não só dos produtos existentes mas igualmente de forças produtivas já criadas é periodicamente destruída. Nestas crises surge uma epidemia social que, em qualquer época anterior, teria parecido uma absurdez: a epidemia da sobreprodução. A sociedade encontra-se subitamente recuada a um estado de barbarismo momentâneo; dir-se-ia que uma fome ou uma guerra de devastação universal a privaram de todos os meios de subsistência. A indústria e comércio parecem aniquilados. E porquê? Porque há *demasiada* civilização, *demasiados* meios de subsistência, *demasiada* indústria, *demasiado* comércio. As forças produtivas à disposição da sociedade já não servem as relações de propriedade burguesas; pelo contrário, tornam-se demasiado poderosas para estas relações, que se constituem como obstáculos ao seu desenvolvimento, e logo que as forças produtivas ultrapassam estes obstáculos, precipitam a desordem sobre toda a sociedade burguesa e ameaçam a existência da propriedade burguesa. As condições da sociedade burguesa são demasiado estreitas para conter toda a riqueza criada no seu seio. E como é que a burguesia supera estas crises? Por um lado, pela destruição forçada de uma massa de forças produtivas; por outro, pela conquista de novos mercados e pela exploração mais intensa dos mercados antigos. Como, então? Preparando crises mais extensas e destrutivas, e diminuindo os meios para preveni-las.

As armas com as quais a burguesia derrubou o feudalismo voltam-se agora contra a própria burguesia.

Mas a burguesia não só forjou as armas que lhe trarão a morte, gerou também os homens que empunharão essas armas: os trabalhadores modernos, os proletários.

No mesmo grau em que se desenvolve a burguesia, *i.e.*, o capital, desenvolve-se também o proletariado, a classe dos trabalhadores modernos — que vivem somente se encontram trabalho, e que encontram trabalho somente se o seu trabalho aumentar o capital. Estes trabalhadores, forçados a vender-se à peça, são uma mercadoria como qualquer outro artigo de comércio e estão, portanto, sujeitos a todas as vicissitudes da concorrência, a todas as flutuações do mercado.

O trabalho do proletário, através o uso extensivo de máquinas e a divisão do trabalho, perdeu todo o carácter independente e, portanto, todo o encanto para o trabalhador, que se torna uma mera peça da máquina à qual se exigem somente as operações mais simples, mais monótonas e de mais fácil aprendizagem. Assim, o custo de produção de um trabalhador é restringido quase inteiramente aos meios de subsistência de que precisa para sobreviver e reproduzir a sua espécie. O preço de uma mercadoria, e, portanto, também o do trabalho,[8] é igual ao seu custo de produção. Por conseguinte, quanto mais fastidioso se torna o trabalho, mais baixos se tornam os salários. Mais ainda, na mesma medida em que o uso de máquinas e a divisão do trabalho aumentam, também a carga de trabalho aumenta, seja pelo prolongamento da jornada de trabalho, pelo aumento do trabalho dispendido num dado período de tempo, pelo aumento da velocidade da maquinaria, etc.

A indústria moderna transformou a pequena oficina do mestre patriarcal na grande fábrica do capitalista industrial. Massas de trabalhadores, comprimidas nas fábricas, são organizadas como soldados. São submetidas, como soldados rasos do exército industrial, à vigilância de uma hierarquia completa de oficiais e oficiais subalternos. Não são somente escravos da classe burguesa, do Estado burguês, são a cada dia e a cada hora subjugados pela máquina, pelo capataz e, acima de tudo, pelo burguês industrial singular. E este despotismo é tanto mais mesquinho, odioso e exasperante quanto mais abertamente proclama ter no lucro a sua finalidade.

8. Mais tarde, em lugar de "valor de trabalho" e "preço do trabalho", Marx e Engels usaram a categoria mais exacta introduzida por Marx: "valor da força de trabalho" e "preço da força de trabalho". Sobre este assunto, veja-se a introdução de Friedrich Engels à obra de Marx *Trabalho Assalariado e Capital*.

Quanto menos habilidade e força requere o trabalho manual, ou seja, quanto mais desenvolvida se torna a indústria moderna, mais o trabalho dos homens é substituído pelo das mulheres e das crianças. Para a classe trabalhadora, distinções de idade e de sexo não têm já qualquer validade social. Todos são instrumentos de trabalho, com maior ou menor custo de uso, de acordo com a sua idade e sexo.

Tão cedo quanto a exploração do trabalhador pelo fabricante é concluída com o pagamento do seu salário em dinheiro, logo lhe caem em cima as outras partes da burguesia: o senhorio, o lojista, o credor, etc.

Os pequenos estados médios, os pequenos industriais, pequenos comerciantes e rendeiros, artesãos e camponeses — todas estas classes se afundam no proletariado, em parte porque o seu pequeno capital não é suficiente para a escala à qual opera a grande indústria e sucumbe na concorrência com capitalistas maiores, em parte porque as suas habilidades profissionais perdem o valor perante os novos métodos de produção. Desta forma, o proletariado é recrutado de todas as classes da população.

O proletariado passa por distintos estágios de desenvolvimento. A sua luta contra a burguesia começa com a sua existência.

Ao princípio, a luta é levada a cabo por trabalhadores isolados; depois, por trabalhadores de uma mesma fábrica; mais tarde, por trabalhadores de um mesmo ramo ou localidade contra cada burguês que os explora directamente. Mas não dirigem os seus ataques apenas às relações de produção burguesas, dirigem-nos também contra os próprios instrumentos de trabalho, destroem as mercadorias estrangeiras que fazem concorrência ao seu trabalho, partem máquinas aos bocados, pegam fogo a fábricas, procuram restaurar pela força a posição perdida do trabalhador da Idade Média.

Neste estágio, os trabalhadores ainda constituem uma massa dispersa por todo o país e fragmentada pela concorrência. A formação de uma massa compacta de trabalhadores é ainda resultado não da sua própria unidade, senão da unidade da burguesia, a classe que, para alcançar os seus próprios fins políticos, é compelida a pôr todo o proletariado em marcha e, por algum tempo, é ainda capaz de o fazer. Neste estágio, assim sendo, os proletários não combatem os seus inimigos, mas antes os inimigos dos seus inimigos, os resquícios da monarquia absoluta, os terratenentes, a burguesia não-industrial, a pequena-burguesia. Desta maneira, todo o movimento histórico está concentrado nas mãos da burguesia; cada vitória assim obtida é uma vitória para a burguesia.

Mas com o desenvolvimento da indústria o proletariado não só aumenta em número como se concentra em massas cada vez maiores, a sua força cresce, e é cada vez mais sentida. Os interesses e as condições de existência do proletariado são cada vez mais igualadas, à medida que a maquinaria apaga cada vez mais as diferenças no trabalho e reduz os salários, por quase todas as partes, a um nível igualmente baixo. A crescente concorrência entre os burgueses e as consequentes crises comerciais tornam os salários dos trabalhadores cada vez mais instáveis; o aperfeiçoamento incessante da maquinaria torna as condições de existência cada vez mais incertas; os choques entre o trabalhador individual e o burguês individual tomam crescentemente o carácter de choques entre duas classes. Os trabalhadores começam por formar coligações[9] contra a burguesia e agrupam-se em defesa dos seus salários; criam eles mesmos associações permanentes, preparando-se para futuros choques. Aqui e ali, irrompe a luta em motins.

De tempos a tempos, os trabalhadores triunfam, mas apenas temporariamente. O verdadeiro fruto das suas batalhas não é o êxito imediato, mas antes a união cada vez mais extensa de todos os trabalhadores. Esta união é propiciada pelo crescimento dos meios de comunicação que

9. Na edição inglesa de 1888, depois da palavra "coligações", acrescentou-se "sindicatos".

são criados pela grande indústria e põem em contacto os trabalhadores de diferentes localidades. E basta esse contacto para que as numerosas lutas locais, que em todas as partes se revestem do mesmo carácter, se centralizem numa luta nacional, numa luta de classes. Mas toda a luta de classes é uma luta política. E a união que os burgueses da Idade Média, com os seus miseráveis caminhos vicinais, tardaram séculos a estabelecer, os proletários modernos, com caminhos de ferro, alcançam em poucos anos.

Esta organização do proletariado em classe e, consequentemente, em partido político, é continuamente perturbada pela concorrência entre os próprios trabalhadores. Mas surge sempre mais forte, mais firme, mais poderosa. Força o reconhecimento legal dos interesses particulares dos trabalhadores, tirando proveito das divisões internas da burguesia. Assim foi em Inglaterra com a lei da jornada de 10 horas.

Em geral, os choques entre as classes da velha sociedade favorecem, de muitas maneiras, o processo de desenvolvimento do proletariado. A burguesia dá por si envolvida numa luta constante: no princípio, contra a aristocracia; depois contra aqueles sectores da própria burguesia cujos interesses entram em contradição com o progresso da indústria; e sempre, por fim, contra a burguesia de todos os demais países. Em todas estas lutas se vê obrigada a apelar ao proletariado, a clamar pela sua ajuda, arrastando-o assim para o movimento político. Desta maneira, a burguesia proporciona ao proletariado os elementos da sua própria educação,[10] *i.e.*, armas contra si mesma.

Além disto, como acabámos de ver, o progresso da indústria arroja às fileiras do proletariado camadas inteiras da classe dominante, ou pelo menos ameaça as suas condições de existência. Também elas fazem chegar ao proletariado uma massa de elementos de educação.

---

10. Na edição inglesa de 1888, em lugar de "os elementos da sua própria educação", diz-se "os elementos da sua própria educação política e geral".

Por fim, nos períodos em que a luta de classes de aproxima do seu desenlace, o processo de desintegração da classe dominante, de toda a velha sociedade, adquire um carácter tão violento e agudo que uma pequena fracção da classe deserta e adere à classe revolucionária, à classe que traz o futuro nas mãos. Tal como anteriormente um sector da nobreza se passou para a burguesia, agora também um sector da burguesia se passa para o proletariado, e particularmente o sector dos ideólogos burgueses que se elevou até à compreensão teórica do conjunto do movimento histórico.

De todas as classes que hoje se enfrentam com a burguesia, só o proletariado é uma classe verdadeiramente revolucionária. As restantes classes degeneram e, finalmente, desaparecem ante a grande indústria; o proletariado é o seu genuíno produto.

Os estados médios, o pequeno manufactureiro, o lojista, o artesão, o camponês — todos lutam contra a burguesia para salvar da ruína a sua existência como estados médios. Não são, portanto, revolucionários, mas sim conservadores. Mais ainda, são reaccionários porque tentam fazer andar para trás a roda da história. Se são revolucionários, são-no unicamente perante a iminência da sua transição para o proletariado, defendendo dessa forma não os seus interesses presentes, mas antes os seus interesses futuros, abandonando a sua posição para adoptar a do proletariado.

O lumpemproletariado, essa putrefacção passiva das camadas mais baixas da velha sociedade, por vezes pode ser arrastado ao movimento por uma revolução proletária; no entanto, as suas condições de vida predispõem-no muito mais a vender-se ao serviço de maquinações reaccionárias.

As condições de existência da velha sociedade estão já abolidas nas condições de existência do proletariado. O proletário é desprovido de propriedade; as suas relações com a mulher e com os filhos não têm nada em comum com as relações familiares burguesas; o trabalho industrial moderno, a subjugação moderna ao capital, que é a mesma em Inglaterra, na França, na América ou na Alemanha, despojou-o de todo o carácter nacional. A lei, a moralidade, a religião são para ele uns tantos preconceitos burgueses atrás dos quais se escondem outros tantos interesses burgueses.

Todas as classes precedentes que se tornaram dominantes procuraram consolidar a sua posição adquirida submetendo toda a sociedade às condições do seu modo de apropriação. Os proletários só podem conquistar as forças produtivas sociais abolindo o modo de apropriação em vigor e, com ele, todo o modo de apropriação até aos nossos dias. Os proletários nada têm a assegurar que seja seu; a sua missão é destruir todas as anteriores seguranças e garantias da propriedade privada.

Todos os movimentos históricos até hoje foram movimentos de minorias ou no interesse de minorias. O movimento proletário é um movimento autónomo da imensa maioria em benefício da imensa maioria. O proletariado, estrato inferior da sociedade actual, não pode mexer-se nem levantar-se sem fazer voar pelos ares toda a superestrutura formada pelos estratos da sociedade oficial.

Pela sua forma, ainda que não pelo seu conteúdo, a luta do proletariado contra a burguesia começa por ser uma luta nacional. Naturalmente, o proletariado de cada país lida em primeiro lugar com a sua própria burguesia.

Ao esboçar as fases mais gerais do desenvolvimento do proletariado, seguimos o curso da guerra civil mais ou menos oculta no seio da sociedade existente até ao momento em que esta irrompe em revolução aberta e o proletariado estabelece a sua dominação pelo derrube violento da burguesia.

Todas as sociedades anteriores, como vimos, foram baseadas no antagonismo entre classes opressoras e oprimidas. Mas para poder oprimir uma classe é preciso assegurar-lhe condições que lhe permitam, pelo menos, manter a sua existência de submissão. O servo, no período da servidão, elevou-se a membro da comuna, tal como o pequeno-burguês, sob o jugo do absolutismo feudal, conseguiu tornar-se burguês. O trabalhador moderno, pelo contrário, longe de elevar-se com o progresso da indústria, afunda-se cada vez mais abaixo das condições de existência da sua própria classe. Torna-se um pobre, e a pobreza cresce ainda mais rapidamente do que a população e a riqueza. Torna-se aqui evidente que a burguesia é incapaz de permanecer por muito mais tempo a classe dominante da sociedade e de impor à sociedade, como lei reguladora, as condições de existência da sua classe. É incapaz de dominar porque é incapaz de assegurar ao seu escravo a existência até mesmo no marco da escravatura, porque não pode senão deixá-lo cair até a uma posição na qual o alimenta em vez de ser alimentada por ele. A sociedade já não pode viver sob ela, *i.e.*, a existência da burguesia já não é compatível com a sociedade.

A condição essencial para a existência e para a dominação da classe burguesa é a concentração de riqueza nas mãos de privados; a formação e acumulação de capital. A condição da existência de capital é o trabalho assalariado. O trabalho assalariado assenta exclusivamente sobre a concorrência dos trabalhadores entre si. O progresso da indústria, que tem na burguesia o seu apoio inelutável e involuntário, substitui o isolamento dos trabalhadores, resultante da concorrência, pela unidade revolucionária que resulta da associação. Assim, o desenvolvimento da grande indústria tira debaixo dos pés da burguesia a base sobre a qual ela produz e se apropria dos produtos. Ela produz, antes de mais, os seus próprios coveiros. A sua queda e a vitória do proletariado são igualmente inevitáveis.

II. Proletários e comunistas

Em que relação se colocam os comunistas com os proletários no seu conjunto? Os comunistas não formam um partido separado ou oposto aos restantes partidos de trabalhadores.

Não têm quaisquer interesses separados dos interesses de todo o proletariado.

Não estabelecem quaisquer princípios especiais[11] segundo os quais pretendam moldar o movimento proletário.

Os comunistas distinguem-se dos demais partidos proletários somente pelo facto de que, por um lado, destacam e fazem valer, nas diferentes lutas nacionais dos proletários, os interesses comuns de todo o proletariado, independentemente da nacionalidade; e, por outro lado, porque nas diferentes fases de desenvolvimento pelas quais passa a luta entre o proletariado e a burguesia, representam sempre os interesses do movimento no seu conjunto.

Os comunistas são, assim, na prática, o mais decidido[12] sector dos partidos de trabalhadores de todos os países, aquele que dá um impulso a todos os outros; no aspecto

11. Na edição inglesa de 1888, em lugar de "especiais", lê-se "sectários".
12. Na edição inglesa de 1888, em lugar de "o mais decidido", lê-se "o mais avançado e decidido".

teórico, têm sobre o resto do proletariado a vantagem de entender claramente as condições, a marcha e os resultados gerais do movimento proletário.

O objectivo imediato dos comunistas é o mesmo que o de todos os demais partidos proletários: a constituição do proletariado enquanto classe, o derrube da dominação burguesa, a conquista do poder político pelo proletariado.

As teses teóricas dos comunistas não se baseiam de modo algum em ideias ou princípios inventados ou descobertos por este ou por aquele reformador do mundo, elas são antes a expressão do conjunto das condições reais de uma luta de classes existente, de um movimento histórico que se desenvolve diante dos nossos olhos.

A abolição das relações de propriedade existentes não é uma característica particular do comunismo. Todas as relações de propriedade estiveram sujeitas a transformações históricas como consequência de mudanças nas condições históricas. A Revolução Francesa, por exemplo, aboliu a propriedade feudal a favor da propriedade burguesa.

A característica distinta do comunismo não é a abolição da propriedade em geral, mas a abolição da propriedade burguesa. Mas a moderna propriedade privada burguesa é a última e mais acabada expressão do modo de produção e de apropriação do produzido baseada em antagonismos de classe, na exploração de uns pelos outros.[13]

Neste sentido, os comunistas podem resumir a sua teoria numa única frase: abolição da propriedade privada.

Nós, comunistas, temos sido censurados por pretender abolir a propriedade adquirida pessoalmente, através do trabalho próprio, essa propriedade que alegadamente formaria a base de toda a liberdade, actividade e independência pessoal.

A propriedade adquirida pelo trabalho árduo, conseguida pelo esforço próprio! Referem-se à propriedade

13. Na edição inglesa de 1888, em lugar de "na exploração de uns pelos outros", lê-se "na exploração da maioria pela minoria".

pequeno-burguesa ou do pequeno camponês, a forma de propriedade que precede a propriedade burguesa? Não há necessidade de aboli-la; o progresso da indústria aboliu-a e continua a aboli-la a cada dia. Ou referem-se à moderna propriedade privada burguesa?

Porventura o trabalho assalariado, o trabalho do proletário, cria alguma propriedade para o proletário? De maneira nehuma. Cria capital, *i.e.*, o tipo de propriedade que explora o trabalho assalariado, que não pode aumentar senão na condição de gerar novo trabalho assalariado para novamente o explorar. A propriedade, na sua forma actual, movimenta-se no antagonismo entre o capital e o trabalho assalariado. Examinemos os dois termos desta contradição.

Ser capitalista significa ocupar na produção não só uma posição puramente pessoal, mas uma posição social. O capital é um produto colectivo, e só pode ser posto em movimento pela acção conjunta de muitos membros ou, na verdade, em última análise, só pela acção conjunta de todos os membros da sociedade. Portanto, o capital não é um poder pessoal, é um poder social.

Consequentemente, quando o capital é convertido em propriedade comum, em propriedade de todos os membros da sociedade, a propriedade pessoal não é transformada em propriedade social. Só o carácter social da propriedade é transformado. A propriedade perde o seu carácter de classe.

Tratemos agora do trabalho assalariado.

O preço médio do trabalho assalariado é o mínimo do salário, ou seja, a soma dos meios de subsistência indispensáveis para que o trabalhador sobreviva como trabalhador. Por conseguinte, aquilo de que o trabalhador assalariado se apropria através do seu trabalho é o estritamente necessário para a reprodução da sua vida enquanto trabalhador. Não queremos de maneira alguma abolir esta apropriação pessoal dos produtos do trabalho feita para a reprodução da vida imediata, que não deixa nenhum ganho líquido que possa conferir poder sobre o trabalho alheio. O que queremos é suprimir o carácter miserável desta apropriação, que faz com que o trabalhador só viva para aumentar o capital, e viva somente na medida em que o interesse da classe dominante o exija.

Na sociedade burguesa, o trabalho vivo não é mais do que um meio para aumentar o trabalho acumulado. Na sociedade comunista, o trabalho acumulado não é mais do que um meio para expandir, enriquecer e elevar a vida dos trabalhadores.

Na sociedade burguesa, assim sendo, o passado domina o presente; na sociedade comunista, o presente domina o passado. Na sociedade burguesa, o capital é autónomo e tem individualidade, enquanto o indivíduo que trabalha é dependente e privado de individualidade.

E a abolição deste estado de coisas é chamada pela burguesia de abolição da individualidade e da liberdade! E com razão. Trata-se, efectivamente, da abolição da individualidade burguesa, da independência burguesa e da liberdade burguesa.

Por liberdade, nas actuais relações de produção burguesas, entende-se o livre comércio, a liberdade para comprar e vender.

Se desaparece o comércio, desaparece igualmente o livre comércio. O palavreado sobre a liberdade de comércio, tal como todas as bravatas da nossa burguesia sobre liberdade em geral, se tem algum sentido, é apenas contra o comércio restringido e o burguês subjugado da Idade Média, mas não tem qualquer significado quando é oposto à abolição comunista do comércio, das relações de produção burguesas e da própria burguesia.

Horrorizam-se por querermos abolir a propriedade privada. Mas na vossa sociedade existente, a propriedade está abolida para nove décimos da população; ela existe precisamente porque não existe para esses nove décimos. Censuram-nos, portanto, pelo intento de acabar com uma forma de propriedade que tem como condição necessária para a sua existência que a maioria da sociedade se veja privada de propriedade.

Numa palavra, somos censurados por querer abolir a vossa propriedade. Efectivamente, é isso que queremos.

A partir do momento em que o trabalho deixa de poder ser convertido em capital, em dinheiro, em renda, em suma, num poder social monopolizável, *i.e.*, a partir do momento em que a propriedade pessoal já não pode transformar-se em propriedade burguesa, em capital, a partir desse instante, declaram que a individualidade é suprimida.

Admitem, portanto, só entender como indivíduo o burguês, o proprietário burguês. E essa individualidade tem, de facto, de ser suprimida.

O comunismo não priva ninguém do poder de se apropriar dos produtos da sociedade; tão-somente põe fim ao poder de subjugar o trabalho alheio mediante essa apropriação.

Tem-se levantado a objecção de que, com a abolição da propriedade privada, toda a actividade cessaria e sobreviria a preguiça geral.

A ser assim, há muito que a sociedade burguesa teria sucumbido por inércia; posto que quem nela trabalha não ganha, e quem nela ganha não trabalha. Toda esta objecção se reduz à tautologia de que não pode haver trabalho assalariado assim que deixa de haver capital.

Todas as objecções dirigidas contra o modo comunista de produção e apropriação de produtos materiais foram igualmente estendidas ao modo comunista de produção e apropriação de produtos intelectuais. Tal como, para o burguês, a desaparição da propriedade de classe é a desaparição da própria produção, também a desaparição da cultura de classe é o mesmo que a desaparição de toda a cultura.

Essa cultura, cuja perda ele lamenta, é para a imensa maioria não mais do que um treino para ser transformado em máquina.

Mas não discutam connosco medindo a abolição da propriedade pelas vossas concepções burguesas de liberdade, de cultura, de direito, etc. As vossas ideias são elas mesmas um produto das relações burguesas de produção e de propriedade, tal como o vosso direito não é senão a vontade da vossa classe elevada a lei, uma vontade que tem o seu conteúdo determinado pelas condições materiais de existência da vossa classe.

A concepção interessada através da qual as vossas relações de produção e de propriedade são transformadas de relações históricas — transitórias na marcha da produção — em leis eternas da Natureza e da Razão, é uma concepção partilhada por todas as classes dominantes passadas. O que compreendem para a propriedade antiga, o que compreendem para a propriedade feudal, não se atrevem a admitir para a propriedade burguesa.

Abolição da família! Até os mais radicais se exaltam contra esta infame intenção dos comunistas.

Em que bases assenta a família actual, a família burguesa? No capital, no lucro privado. A família plenamente desenvolvida existe somente para a burguesia; mas encontra o seu complemento na forçosa ausência de família para os proletários, e na prostituição pública.

A família burguesa desaparece de forma natural ao deixar de existir este seu complemento, e ambos desaparecem com a desaparição do capital.

Censuram-nos por querer abolir a exploração dos filhos pelos pais? Confessamos este crime.

Mas dizem que destruímos os vínculos mais íntimos, substituindo a educação doméstica pela educação social.

E a vossa educação não é também determinada pela sociedade? Pelas condições sociais sob as quais educam, pela intervenção mais directa ou mais indirecta da sociedade, através da escola, etc.? Os comunistas não inventaram a influência da sociedade sobre a educação; apenas mudam o seu carácter, arrancam a educação à influência da classe dominante.

As declamações burguesas sobre a família e a educação, sobre as relações de confiança entre pais e filhos, torna-se tanto mais repugnante quanto mais a grande indústria rompe todos os vínculos familiares do proletário e transforma as crianças em simples artigos de comércio, em simples instrumentos de trabalho.

"Mas vocês, comunistas, querem estabelecer a comunidade das mulheres!" — grita-nos a burguesia em coro.

O burguês não vê na sua mulher mais do que um instrumento de produção. Ouve dizer que os instrumentos de produção devem ser explorados comunitariamente e, como é natural, não pode senão concluir que a utilização comunitária se aplicará também às mulheres.

Nem suspeita que se trata precisamente de acabar com a posição da mulher como simples instrumento de produção.

Ainda para mais, nada é tão ridículo quanto o mui elevado terror moral dos nossos burgueses perante a suposta comunidade das mulheres atribuída aos comunistas. Os comunistas não têm nenhuma necessidade de introduzir a comunidade das mulheres: ela quase sempre existiu.

Os nossos burgueses, não satisfeitos com ter à sua disposição as mulheres e filhas dos seus proletários — já para nem falar da prostituição oficial —, ainda encontram um prazer singular em seduzir as esposas uns dos outros.

O matrimónio burguês é, na realidade, um sistema de esposas em comum. Quanto muito, os comunistas podiam ser acusados de pretender estabelecer, no lugar da hipocritamente escondida comunidade das mulheres, uma comunidade franca e oficial. De resto, é evidente que com a abolição das relações de produção actuais desaparecerá a comunidade das mulheres que delas deriva, ou seja, a prostituição oficial e não oficial.

Acusa-se também os comunistas de querer abolir a pátria, a nacionalidade.

Os trabalhadores não têm pátria. Não se lhes pode tirar o que não têm. Uma vez que o proletariado tem primeiramente de conquistar o poder político, elevar-se à condição de classe nacional,[14] constituir-se a si próprio enquanto nação, é ainda nacional, mas de maneira nenhuma no sentido burguês.

O isolamento nacional e os antagonismos entre povos cada vez mais desaparecem com o desenvolvimento da burguesia, a liberdade de comércio, o mercado mundial, a uniformidade da produção industrial e as correspondentes condições de existência.

O domínio do proletariado fá-los-á desaparecer ainda mais rapidamente. A acção unida, pelo menos dos países civilizados, é uma das primeiras condições para a libertação do proletariado.

Na mesma medida em que for abolida a exploração de um indivíduo por outro, será abolida a exploração de uma nação por outra. Com a oposição de classes dentro das nações, cai a hostilidade entre nações.

As acusações lançadas contra o comunismo partindo do ponto de vista da religião, da filosofia e da ideologia em geral não são merecedoras de um exame detalhado.

Será necessária grande perspicácia para compreender que com mudanças nas condições de vida dos seres humanos, nas suas relações sociais, na sua existência social, mudam também as suas crenças, opiniões e concepções, numa palavra, a sua consciência?

Que demonstra a história das ideias senão que a produção intelectual é transformada com a produção material? As ideias dominantes de cada época foram sempre as ideias da classe dominante.

Quando se fala das ideias que revolucionam uma sociedade inteira, expressa-se somente o facto de que os elementos de uma nova sociedade foram criados no seio da velha sociedade, e que a dissolução das velhas ideias acompanha a dissolução das velhas condições de existência.

14. Na edição inglesa de 1888, em lugar de "elevar-se à condição de classe nacional", lê-se "elevar-se à condição de classe dirigente da nação".

Quando o mundo antigo estava em decadência, as velhas religiões foram derrotadas pelo cristianismo. Quando, no século XVIII, as ideias cristãs foram derrotadas pelo iluminismo, a sociedade feudal travou a sua luta de morte contra a burguesia então revolucionária. As ideias de liberdade de consciência e de religião são meramente as expressões do domínio da livre-concorrência no campo do conhecimento.

"Sem dúvida" — dir-nos-ão — "as ideias religiosas, morais, filosóficas, políticas, jurídicas, etc., foram modificadas no curso do desenvolvimento histórico. Mas a religião, a moral, a filosofia, a política, o direito foram sempre conservados nesta mudança. Também existem verdades eternas, tais como a liberdade, a justiça, etc., que são comuns a qualquer estágio de sociedade. Mas o comunismo abole as verdades eternas, a religião, a moral, em lugar de as reformar; assim sendo, contradiz todo o desenvolvimento histórico até à data."

A que se reduz esta acusação? A história de todas as sociedades até aos nossos dias moveu-se nas contradições entre classes, contradições que assumiram diferentes formas nas diferentes épocas. Mas independentemente da forma que assumiram, a exploração de uma parte da sociedade pela outra foi um facto comum a todos os séculos passados. Não admira, portanto, que a consciência social dos séculos passados, não obstante toda a sua multiplicidade e variedade, se tenha movido sempre dentro de certas formas comuns, ou ideias gerais, que só podem ser completamente dissolvidas com o total desaparecimento das contradições de classe.

A revolução comunista é a mais radical ruptura com as relações de propriedade tradicionais; não admira que no curso do seu desenvolvimento se dê a mais radical ruptura com as ideias tradicionais.

Mas deixemos por aqui as objecções burguesas ao comunismo.

Como vimos acima, o primeiro passo na revolução dos trabalhadores é elevar o proletariado à posição de classe dominante, vencer a luta pela democracia.

O proletariado far-se-á valer da sua dominação política para arrancar gradualmente à burguesia todo o capital, para centralizar todos os instrumentos de produção nas mãos do Estado, ou seja, do proletariado organizado enquanto classe dominante, e para multiplicar a massa das forças produtivas o mais rapidamente possível.

Naturalmente, a princípio, isto só pode dar-se por meio de incursões despóticas no direito de propriedade e nas relações de produção burguesas, ou seja, de medidas que parecerão economicamente insuficientes e insustentáveis mas que, no decurso do movimento, se superam a si mesmas[15] e são indispensáveis como meio para revolucionar todo o modo de produção.

Estas medidas, naturalmente, serão diferentes nos diversos países.

Não obstante, o que segue é, de modo bastante geral, aplicável nos países mais avançados:

1. Expropriação da propriedade privada da terra e emprego de todas as rendas nas despesas do Estado.
2. Forte imposto progressivo.
3. Abolição de todos os direitos de herança.
4. Confiscação de toda a propriedade de emigrantes e rebeldes.[16]
5. Centralização do crédito em mãos do Estado por meio de um banco nacional com capital de Estado e monopólio exclusivo.
6. Centralização de todos os meios de transporte em mãos do Estado.

---

15. Na edição inglesa de 1888, depois de "se superam a si mesmas" acrescentou-se "tornando necessárias novas incursões na velha ordem social".
16. Trata-se aqui de proprietários de terras e capital que se fixam no estrangeiro e procuram sabotar a economia, opondo-se a processos revolucionários.

7. Multiplicação das fábricas e dos instrumentos de produção do Estado; cultivo e melhoramento de todas as terras segundo um plano comum.

8. Trabalho obrigatório para todos. Estabelecimento de exércitos industriais, especialmente na agricultura.

9. Fusão da agricultura com a indústria; actuar no sentido da eliminação gradual das diferenças entre a cidade e o campo.[17]

10. Educação pública e gratuita para todas as crianças; abolição do trabalho infantil nas fábricas na sua forma actual; regime de educação unificado com a produção material, etc.

Uma vez que, no curso do desenvolvimento, tenham desaparecido as diferenças de classe e se tenha concentrado toda a produção nas mãos dos indivíduos associados, o poder público perderá o seu carácter político. Poder político, no seu sentido próprio, é a violência organizada de uma classe para oprimir outra. Se na luta contra a burguesia o proletariado necessariamente se une enquanto classe, se converte em classe dominante através da revolução e, enquanto classe dominante, suprime violentamente as velhas relações de produção, então suprime com estas relações de produção as condições para as contradições de classe, as classes em geral e, assim, a sua própria dominação enquanto classe.

No lugar da velha sociedade burguesa, com as suas classes e antagonismos de classe, surge uma associação em que o livre desenvolvimento de cada um é a condição para o livre desenvolvimento de todos.

17. Na edição de 1848 lê-se: "a oposição entre a cidade e o campo".
A partir de 1872, em vez de "a oposição", nas edições alemãs lê-se: "as diferenças".
A edição inglesa de 1888, em lugar de "actuar no sentido da eliminação gradual das diferenças entre a cidade e o campo" lê-se: "abolição gradual da distinção entre a cidade e o campo mediante uma distribuição mais uniforme da população pelo território".

III. Literatura socialista e comunista

1. O socialismo reaccionário

a) O socialismo feudal

As aristocracias francesa e inglesa, pela sua posição histórica, tiveram a vocação de escrever panfletos contra a sociedade burguesa moderna. Na Revolução Francesa de Julho de 1830, no movimento inglês pela reforma,[18] haviam sucumbido uma vez mais ao odiado arrivista. Já não se podia falar de uma luta política séria. Restava-lhes somente a luta literária. Mas também no campo da literatura o velho palavreado da época da Restauração[19] se tornara impossível. Para gerar simpatia, a aristocracia teve de aparentar ter deixado de olhar pelos seus interesses e formular a sua acusação contra a burguesia unicamente no interesse da classe trabalhadora explorada. Entregou-se então à

18. Trata-se aqui do movimento pela reforma eleitoral em Inglaterra, dirigido contra o monopólio político da aristocracia agrária e financeira e que deu à burguesia industrial o acesso ao parlamento. A reforma foi adoptada pela Câmara dos Comuns em 1831, e definitivamente ratificada pela Câmara dos Lordes em Junho de 1832. O proletariado e a pequena-burguesia, que foram a força principal na luta pela reforma, foram enganados pela burguesia liberal e não obtiveram direitos eleitorais.
19. Não se trata da Restauração inglesa de 1660-1689, mas da francesa de 1814-1830. (Nota de Engels à edição inglesa de 1888.)

satisfação de compor cantigas de escárnio sobre o seu novo amo, e de lhe ir sussurrando ao ouvido sinistras profecias.

Assim veio à luz o socialismo feudal: metade lamento, metade escárnio; metade ecos do passado, metade ameaça do futuro — por vezes a sua crítica mordaz e incisiva atinge a burguesia em cheio no coração, mas sempre de uma forma ridícula, pela sua total incapacidade de compreender a marcha da história moderna.

Para agitar o povo a segui-los, estes senhores erguiam como estandarte a bolsa de mendigo do proletário. Mas de cada vez que o povo os acudia, via-lhes no traseiro os brasões feudais e dispersava então em gargalhadas sonoras e irreverentes.

Uma parte dos legitimistas franceses[20] e a Jovem Inglaterra[21] deram este espectáculo no seu melhor.

Os feudalistas, quando demonstram que o seu modo de exploração era diferente do da burguesia, esquecem tão-somente que exploravam sob circunstâncias e condições completamente diferentes e hoje já ultrapassadas. Quando mostram que, sob o seu domínio, o proletariado moderno nunca existiu, esquecem tão-somente que a burguesia moderna é o inevitável rebento da sua ordem social.

De resto, disfarçam tão mal o carácter reaccionário da sua crítica que levantam como principal acusação contra

20. Legitimistas franceses: partidários da dinastia dos Bourbons, derrubada em 1830, que representava os interesses da grande propriedade fundiária. Lutando contra a dinastia reinante dos Orleães, que se apoiava na aristocracia financeira e na grande burguesia, uma parte dos legitimistas recorreu muitas vezes à demagogia social, apresentando-se como defensora dos trabalhadores contra os burgueses exploradores.

21. Jovem Inglaterra: grupo de políticos e literatos ingleses membros do partido *tory* (Partido Conservador), formado a princípios da década de 40 do século XIX. Expressava o descontentamento da aristocracia terratenente face ao crescimento do poder económico e político da burguesia. Os membros da Jovem Inglaterra usavam métodos demagógicos para influenciar a classe operária e utilizá-la na sua luta contra a burguesia.

a burguesia precisamente o facto de sob o seu regime se estar a desenvolver uma classe que vai fazer voar pelos ares toda a antiga ordem social. A acusação que lançam à burguesia não é tanto a de que criou o proletariado como tal, senão a de que criou um proletariado revolucionário.

Na prática política, portanto, tomam parte em todas as medidas de violência contra a classe trabalhadora e, na vida quotidiana, apesar das suas frases pomposas, preferem colher as maçãs douradas,[22] trocando a honra, o amor e a fidelidade pelo comércio em lã, beterraba-sacarina e aguardente.[23]

Tal como o sacerdote sempre andou de mãos-dadas com o senhor feudal, também assim anda o socialismo clerical com o socialismo feudal.

Não há nada mais fácil do que pintar de socialista o asceticismo cristão. O cristianismo não se opôs também à propriedade privada, ao casamento e ao Estado? Não pregou, em lugar destes, a caridade e a pobreza, o celibato e a mortificação da carne, a vida monástica e a Igreja? O socialismo cristão não é senão a água benta com a qual o sacerdote consagra a raiva dos aristocratas.

b) O socialismo pequeno-burguês

A aristocracia feudal não é a única classe que foi arruinada pela burguesia, nem a única classe cujas condições de existência definharam e pereceram na moderna sociedade

22. Na edição inglesa de 1888, depois de "maçãs douradas", lê-se: "caídas da árvore da indústria".
23. Isto refere-se em primeiro lugar à Alemanha, onde os aristocratas terratenentes e os *junkers* cultivam por conta própria grande parte das suas terras com a ajuda de administradores e possuem, além disso, grandes fábricas de açúcar de beterraba-sacarina e destilarias de álcool. Os aristocratas britânicos mais ricos, por agora, ainda não chegaram a tanto, mas também sabem como podem compensar a diminuição das rendas: cedendo os seus nomes aos fundadores de todo o tipo de sociedades por acções com uma reputação mais ou menos duvidosa. (Nota de Engels à edição inglesa de 1888.)

burguesa. Os moradores das cidades medievais e o pequeno campesinato foram os precursores da burguesia moderna. Nos países com uma indústria e com um comércio menos desenvolvidos, esta classe continua a vegetar ao lado da burguesia emergente.

Nos países onde a civilização moderna se desenvolveu, formou-se — e, como parte complementar da sociedade burguesa, forma-se incessantemente — uma nova classe pequeno-burguesa que oscila entre o proletariado e a burguesia. Mas os indivíduos que a compõem vêem-se constantemente lançados às fileiras do proletariado pela acção da concorrência e, com o desenvolvimento da grande indústria, vêem aproximar-se o momento em que desaparecerão por completo como sector independente da sociedade moderna, para ser substituídos no comércio, na manufactura e na agricultura por capatazes e empregados.

Em países como França, onde o campesinato constitui muito mais de metade da população, era natural que os escritores que são pelo proletariado e contra a burguesia aplicassem, na sua crítica do regime burguês, os critérios do pequeno-burguês e do pequeno camponês, e tomassem o partido dos trabalhadores desde o ponto de vista da pequena-burguesia. Assim se formou o socialismo pequeno-burguês. Sismondi[24] é o dirigente desta literatura, não só em França como também em Inglaterra.

Este socialismo destrinçou com grande perspicácia as contradições nas modernas relações de produção. Pôs a nu as hipócritas apologias dos economistas. Demonstrou de maneira irrefutável o destrutivo efeito da maquinaria e da divisão do trabalho, a concentração de capitais e propriedades fundiárias, a sobreprodução, as crises, a

24. Sismondi, Jean Charles de (1773-1842): economista e historiador suíço, representante do socialismo pequeno-burguês. Ao não compreender as tendências progressistas da grande produção capitalista, procurou modelos no velho regime, na organização de guildas na indústria e na agricultura patriarcal, que já não correspondiam em absoluto às condições económicas.

inevitável ruína dos pequeno-burgueses e camponeses, a miséria do proletariado, a anarquia na produção, a gritante desigualdade na distribuição da riqueza, a guerra industrial de extermínio entre as nações, a dissolução dos velhos costumes, das velhas relações familiares, das velhas nacionalidades.

No seu conteúdo positivo, no entanto, este socialismo aspira ou a restaurar os velhos meios de produção e de troca, e com eles as antigas relações de propriedade, a velha sociedade, ou a encaixar à força os modernos meios de produção e troca no quadro do antigo regime de propriedade que foi, e que só poderia ter sido, rebentado por esses meios. Em ambos os casos, é simultaneamente reaccionário e utópico.

O sistema de guildas para a manufactura e a economia patriarcal para o campo. Eis as suas últimas palavras.

No seu posterior desenvolvimento, esta corrente perdeu-se num marasmo de cobardia.[25]

c) O socialismo alemão ou "verdadeiro"

A literatura socialista e comunista de França, que surgiu sob a pressão de uma burguesia dominante e que é a expressão literária da luta contra esta dominação, foi introduzida na Alemanha justamente no momento em que a burguesia começava a sua luta contra o absolutismo feudal.

Filósofos, pretensos filósofos e beaux esprits[26] alemães apropriaram-se avidamente desta literatura, esquecendo apenas que, quando estes escritos foram importados de França para a Alemanha, as relações sociais de França não foram importadas juntamente com eles. Ante as relações

25. Na edição inglesa de 1888, neste parágrafo lê-se: "Por fim, quando os teimosos factos históricos dispersaram todos os efeitos embriagantes do engano próprio, esta forma de socialismo acabou numa miserável depressão".

26. Locução francesa que significa literalmente "belos espíritos" e é utilizada para designar pessoas "de talento", homens de letras, intelectuais, artistas, etc.

sociais da Alemanha, esta literatura francesa perdeu todo o significado prático imediato e assumiu um carácter puramente literário. Assim, para os filósofos alemães do século XVIII, as reivindicações da primeira Revolução Francesa não eram senão reivindicações da "Razão Prática" em geral, e as expressões da vontade da burguesia revolucionária de França correspondiam, aos seus olhos, às leis da vontade pura, da vontade tal como ela tem de ser, da verdadeira vontade humana geral. O trabalho dos literatos alemães consistiu exclusivamente em harmonizar as novas ideias francesas com a sua velha consciência filosófica, ou aliás, em apropriar-se das ideias francesas sem abandonar as suas próprias posições filosóficas. Esta apropriação deu-se tal como se dá a apropriação de qualquer língua estrangeira — através da tradução.

É sabido como monges escreveram, por cima dos manuscritos onde estavam registadas obras clássicas dos velhos tempos pagãos, obtusas hagiografias católicas. Os literatos alemães lidaram inversamente com a literatura profana francesa. Escreveram os seus disparates filosóficos atrás do original francês. Por exemplo, por detrás da crítica francesa às relações monetárias, escreveram "Alienação da Humanidade", e por detrás da crítica francesa do Estado burguês, escreveram "Abolição do Reino do Universal Abstracto", e assim sucessivamente.

A esta interpolação do seu palavreado filosófico na crítica francesa chamaram "filosofia da acção", "socialismo verdadeiro", "ciência alemã do socialismo", "fundamentação filosófica do socialismo", etc.

A literatura socialista e comunista francesa foi assim formalmente castrada. E como, nas mãos do alemão, deixou de expressar a luta de uma classe contra outra, o alemão estava ciente de ter superado a "unilateralidade francesa"; no lugar das verdadeiras necessidades estava agora a necessidade da verdade, no lugar dos interesses do proletariado estavam agora os interesses da essência humana, do ser humano em geral, do ser humano não pertencente a qualquer classe ou sequer à realidade, aquele que pertence unicamente ao céu nebuloso da fantasia filosófica.

Este socialismo alemão, que levou tão a sério e com tanta solenidade os seus toscos exercícios escolares, e que os trombeteou tão espalhafatosamente, perdeu gradualmente a sua pedante inocência. A luta da burguesia alemã, especialmente a da burguesia prussiana, contra os feudais e a monarquia absoluta — por outras palavras, o movimento liberal — tornou-se mais séria.

Foi desta forma oferecida ao "verdadeiro" socialismo a tão esperada oportunidade de confrontar o movimento político com as reivindicações socialistas, de atirar os anátemas tradicionais contra o liberalismo, contra o Estado representativo, contra a concorrência burguesa, contra a liberdade de imprensa burguesa, contra o direito burguês, contra a liberdade e a igualdade burguesas, e de pregar às massas populares que não tinham nada a ganhar, mas que tinham tudo a perder, com este movimento burguês. O socialismo alemão esqueceu-se, a propósito, que aquela crítica francesa — da qual ele era o eco esvaziado de sentido — pressupunha a moderna sociedade burguesa, com as correspondentes condições materiais de existência, e a correspondente constituição política, ou seja, precisamente as premissas que se tratava ainda de conquistar na Alemanha.

Para os governos absolutos da Alemanha — com o seu séquito de sacerdotes, mestres-escola, *junkers*[27] e burocratas —, este socialismo converteu-se num proveitoso espantalho contra a burguesia que se erguia ameaçadoramente.

Foi o complemento adocicado dos amargos tiros e chicotadas com os quais estes mesmos governos trataram das insurreições dos trabalhadores alemães.

Se o socialismo "verdadeiro" se converteu assim numa arma nas mãos dos governos contra a burguesia alemã, representava além disso, directamente, um interesse reaccionário, o interesse da pequena-burguesia alemã. A

27. Aristocracia terrateniente prusiana.

pequena-burguesia na Alemanha, uma relíquia do século XVI que desde essa época continua a emergir sob variadas formas, constitui a base social real da ordem existente.

Preservá-la é conservar na Alemanha a ordem existente. A supremacia industrial e política da burguesia ameaça-a com uma morte certa — por um lado, pela concentração do capital; por outro, pelo ascenso do proletariado revolucionário. O "verdadeiro" socialismo parecia matar dois coelhos de uma só cajadada. Espalhou-se como uma epidemia.

As vestes, tecidas com as teias da especulação, bordadas com as flores da retórica de intelectuais e tingidas num sentimentalismo doentio, as exuberantes vestes com as quais os socialistas alemães envolveram as suas poucas e esqueléticas "verdades eternas", só aumentaram a venda do produto entre esta audiência. Por sua parte, o socialismo alemão reconhecia cada vez mais a sua vocação de representante pomposo da pequena-burguesia.

Proclamou a nação alemã a nação modelo e o filistino alemão o homem modelo. Deu a cada perfídia deste homem modelo um sentido oculto, superior e socialista através do qual elas significavam o seu contrário. Chegou às suas últimas consequências ao colocar-se directamente contra a tendência "barbaramente destrutiva" do comunismo, e ao proclamar a sua sublime imparcialidade sobre todas as lutas de classes. Com muito raras excepções, todos os escritos ditos socialistas e comunistas que agora circulam na Alemanha pertencem a esta imunda e irritante literatura.[28]

2. O socialismo conservador ou burguês

Uma parte da burguesia deseja remediar os males sociais com a finalidade de consolidar a sociedade burguesa.

28. A tempestade revolucionária de 1848 varreu esta miserável corrente e retirou aos seus partidários todo o desejo de continuar a fazer o seu socialismo. O principal representante e o tipo clássico desta escola é o senhor Karl Grün. (Nota de Engels à edição alemã de 1890)

A esta categoria pertencem os economistas, os filantropos, os humanitários, os que pretendem melhorar a sorte das classes trabalhadoras, os organizadores de caridade, os protectores dos animais, os promotores de associações contra o alcoolismo, os reformadores sociais de cada esquina e das mais variadas cores. E esta forma de socialismo já foi desenvolvida até formar sistemas completos.

Como exemplo, recorremos ao *Filosofia da Miséria*, de Proudhon.[29]

Os burgueses socialistas querem as condições de vida da sociedade moderna sem as lutas e os perigos que necessariamente implicam. Querem a sociedade actual, subtraindo-lhe os seus elementos de revolução e desintegração. Querem a burguesia sem o proletariado. A burguesia, naturalmente, considera o mundo no qual domina como o melhor mundo possível; e o socialismo burguês elabora com esta consoladora ideia sistemas mais ou menos completos. Quando pede ao proletariado que realize estes sistemas e entre na Nova Jerusalém, na realidade só está a pedir-lhe que permaneça na sociedade actual, mas livrando-se das odiosas ideias que tem sobre ela.

---

29. Proudhon, Pierre-Joseph (1809-1865): propagandista, economista e sociólogo francês, ideólogo da pequena-burguesia e um dos fundadores do anarquismo. Sonhava perpetuar a pequena propriedade privada e criticava, partindo de posições pequeno-burguesas, a grande propriedade capitalista. Propunha a organização de um Banco do Povo, que através de crédito gratuito permitiria aos trabalhadores adquirir meios de produção próprios e tornar-se artesãos. Outra ideia reaccionária sua foi a de fundar bancos de câmbio que assegurassem aos trabalhadores a venda "equitativa" dos seus produtos e, simultaneamente, não afectassem a propriedade capitalista dos meios de produção. Proudhon foi incapaz de compreender o papel histórico do proletariado e manteve uma atitude negativa perante a luta política. Consequentemente, Marx e Engels lutaram contra as tentativas dos proudhonianos de impor o seu programa na Primeira Internacional. Proudhon foi autor da obra *Filosofia da Miséria*, e teve as suas teses duramente criticadas por Marx na obra *Miséria da Filosofia*.

Uma segunda forma, menos sistemática mas mais prática, através da qual este socialismo tenta desviar a classe trabalhadora do movimento revolucionário, é demonstrando que só lhe pode ser útil não esta ou aquela transformação política, mas antes uma transformação das condições materiais de existência e das relações económicas. Por transformação das condições materiais de existência e das relações económicas, esta forma de socialismo, no entanto, não quer de maneira nenhuma dizer a abolição das relações de produção burguesas — o que só é possível pela via revolucionária —, mas antes reformas administrativas, baseadas na continuidade da existência de tais relações; reformas, portanto, que em nenhum aspecto afectam as relações entre o capital e o trabalho assalariado, mas que, quanto muito, reduzem os gastos da burguesia para manter a sua dominação e lhe simplificam o orçamento do Estado.

O socialismo burguês só alcança a sua expressão adequada quando se converte em mera figura retórica.

Livre comércio, no interesse da classe trabalhadora! Taxas alfandegárias proteccionistas, no interesse da classe trabalhadora! Celas prisionais, no interesse da classe trabalhadora! Esta é a última palavra e a única palavra séria do socialismo burguês.

O socialismo burguês resume-se precisamente a esta afirmação: os burgueses são burgueses — no interesse da classe trabalhadora.

3. O socialismo e o comunismo crítico-utópicos

Não vamos falar aqui da literatura que em todas as grandes revoluções modernas expressou as reivindicações do proletariado (os escritos de Babeuf,[30] etc.).

30. Babeuf, François-Noël (1760-1797): revolucionário francês conhecido como Gracchus Babeuf. Destacado representante do comunismo utópico. Organizou, durante a Revolução Francesa, uma sociedade secreta para preparar um golpe de Estado contra o Directório (o nome adoptado pelo governo), a fim de estabelecer

As primeiras tentativas do proletariado para impor directamente os seus interesses de classe próprios — realizadas em tempos de subversão generalizada, no período do derrube da sociedade feudal —, falharam necessariamente pela forma pouco desenvolvida do proletariado, assim como pela ausência das condições materiais para a sua emancipação, condições que só surgem como produto da época burguesa. O conteúdo da literatura revolucionária que acompanhou estes primeiros movimentos do proletariado foi necessariamente reaccionário. Preconizou o asceticismo universal e um igualitarismo rudimentar.

Os sistemas socialistas e comunistas propriamente ditos, os sistemas de Saint-Simon,[31] de Fourier,[32] de Owen,[33] etc., surgem no primeiro e rudimentar período da luta entre o proletariado e a burguesia, que descrevemos acima (veja-se a primeira secção, Burgueses e Proletários).

---

uma ditadura revolucionária a favor das massas populares. Este plano de insurreição, que ficou conhecido como "A Conspiração dos Iguais", foi delatado à polícia e Babeuf foi executado.

31. Saint-Simon, Henri de (1760-1825): filósofo francês, destacado representante do socialismo utópico. Crítico do modo de produção capitalista, propôs substituí-lo por uma sociedade baseada nos princípios da associação. Promoveu a ideia da comunidade da indústria e da ciência, assim como da produção centralizada e planificada, mas deixava intacta a propriedade privada e os juros sobre o capital. Rejeitava a luta política e a revolução, não compreendia o papel histórico da classe trabalhadora e acreditava que as reformas governamentais e a educação moral da sociedade conduziriam ao fim das contradições de classe.

32. Fourier, Charles (1772-1837): socialista utópico francês. Propôs uma organização cooperativista da sociedade, cujo centro seriam os falanstérios, comunas de produção e consumo. Não era partidário da abolição da propriedade privada e nos seus falanstérios haveria ricos e pobres.

33. Owen, Robert (1771-1858): socialista utópico da Grã Bretanha, apologista da fraternidade humana em contraposição à luta de classes. Defendia a união dos trabalhadores em cooperativas de produção e distribuição e tentou de realizar na prática as suas ideias reformistas fundando várias colónias nos EUA e na Grã -Bretanha. Todas fracassaram.

Os inventores destes sistemas dão-se realmente conta do antagonismo das classes, assim como da acção dos elementos destrutivos na sociedade dominante. Mas não discernem do lado do proletariado qualquer autonomia histórica, qualquer movimento político próprio.

Como o desenvolvimento dos antagonismos de classe se dá a par e passo com o desenvolvimento da indústria, tampouco encontram as condições económicas para a emancipação do proletariado e procuram uma ciência social, leis sociais para criar estas condições. No lugar da acção social, têm de colocar a acção do engenho pessoal; no lugar das condições históricas para a emancipação, condições fantásticas; no lugar da organização gradual do proletariado em classe, uma forma de organização social inventada. A futura história do mundo reduz-se, para eles, à propaganda e à execução prática dos seus planos de sociedade. Têm consciência, nos seus planos, de estar a defender em primeiro lugar os interesses da classe trabalhadora como a classe que mais sofre. Para eles, o proletariado existe só neste aspecto, o de ser a classe que mais sofre.

Mas a forma pouco desenvolvida da luta de classes, assim como as suas próprias condições de vida, levam a que eles julguem estar muito acima dos antagonismos de classe. Pretendem melhorar as condições de todos os membros da sociedade, incluindo as dos mais privilegiados. Assim sendo, constantemente apelam à sociedade em geral, sem discriminação, e preferencialmente à classe dominante. Basta entender o seu sistema para o reconhecer como o melhor plano possível para a melhor sociedade possível.

Rejeitam, consequentemente, toda a acção política e, em particular, toda a acção revolucionária; propõem-se alcançar os seus objectivos pela via pacífica, tentando abrir caminho ao novo evangelho social pela força do exemplo, com pequenas experimentações que, naturalmente, fracassam.

Estas fantásticas descrições da sociedade futura — surgidas numa época em que o proletariado está ainda muito pouco desenvolvido, ou seja, entende a sua própria situação ainda de uma maneira fantástica —, brotam dos primeiros pressentimentos e ânsias de transformação geral da sociedade.

Mas estes escritos socialistas e comunistas têm também elementos críticos. Atacam todas as bases da sociedade existente. E deste modo, são materiais de grande valor para a educação da classe trabalhadora. As suas teses positivas referentes à sociedade futura, tais como a eliminação das diferenças entre a cidade e o campo,[34] a abolição da família, das empresas privadas e do trabalho assalariado, a proclamação da harmonia social e da transformação do Estado numa simples administração da produção, todas estas teses anunciam o desaparecimento do antagonismo entre classes que só agora começa a desenvolver-se, e que eles só conhecem na sua primeira e mais indeterminada forma. Estas teses, portanto, têm um carácter puramente utópico.

A importância do socialismo e do comunismo crítico-utópicos está em relação inversa com o desenvolvimento histórico. À medida que a luta de classes se desenvolve e ganha forma, esta fantástica elevação por cima dela, esta fantástica luta contra ela, perde todo o valor prático e toda a justificação teórica. Assim, se os autores destes sistemas foram revolucionários em muitos aspectos, os seus discípulos formaram sempre seitas reaccionárias. Agarram-se às velhas ideias dos seus mestres perante o ulterior desenvolvimento histórico do proletariado. Assim sendo, procuram, de maneira consistente, embotar a luta de classes e reconciliar as contradições. Continuam ainda a sonhar com a realização experimental das suas utopias sociais, com a fundação de falanstérios isolados, com a fundação de *home colonies* nos seus países, ou de uma pequena

34. Na edição inglesa de 1888, lê-se: "As medidas práticas propostas nestes escritos — tais como a abolição das distinção entre a cidade e o campo".

Icária[35] — edição em miniatura da Nova Jerusalém —, e para a construção de todos estes castelos nas nuvens vêem-se obrigados a apelar à filantropia dos corações e das carteiras dos burgueses.

Gradualmente, caem até à categoria dos socialistas reaccionários ou conservadores acima descritos, distinguindo-se deles apenas pelo seu pedantismo mais sistematizado, pela crença supersticiosa e fanática no efeito milagroso da sua ciência social. Assim, opõem-se exasperadamente a qualquer movimento político do proletariado, que só pode resultar de uma descrença cega no novo evangelho.

Os owenistas, em Inglaterra, reagem contra os cartistas,[36] e os fourieristas, em França, contra os reformistas.[37]

---

35. Os "falanstérios" eram as colónias socialistas projectadas por Charles Fourier. "Icária" era o nome dado por Cabet ao seu país utópico e mais tarde à sua colónia comunista americana. (Nota de Engels à edição inglesa de 1888.)

    Home colonies [colónias internas] foi o nome dado por Owen às suas sociedades comunistas modelo. Falanstério é o nome dado aos palácios sociais projectados por Fourier. Icária era a utópica terra encantada cujas instituições comunistas foram descritas por Cabet. (Nota de Engels à edição alemã de 1890.)
36. O cartismo foi o primeiro movimento independente dos trabalhadores na história, surgido em Inglaterra nos anos 30 e 40 do século XIX pela dura situação económica e pela falta de direitos políticos. Apresentou petições ao parlamento em várias ocasiões; mas a mais conhecida recebeu o nome de Carta do Povo (e daqui vem o nome "cartista"). A Carta do Povo tinha sete reivindicações, começando pelo sufrágio universal para os homens. O movimento fracassou por falta de um programa claro e de uma direcção revolucionária consequente. Ainda que o seu programa fosse meramente reformista, nem por isso os cartistas escaparam à repressão burguesa.
37. Partidários do jornal *La Réforme*, que se editou em Paris entre 1843 e 1850. Lutavam pela instauração da república e pela aplicação de reformas democráticas e sociais.

IV. Posição dos comunistas perante os diferentes partidos da oposição

Depois da secção II, entende-se a relação dos comunistas com os partidos de trabalhadores já constituídos e, portanto, a sua relação com os cartistas de Inglaterra e os reformadores agrários da América do Norte.

Os comunistas lutam para alcançar os objectivos e interesses imediatos da classe trabalhadora, mas representam simultaneamente, no movimento presente, o futuro do movimento. Em França, os comunistas juntam-se ao partido social-democrata[38] contra a burguesia conservadora e radical, sem contudo abdicar do direito de ter uma posição crítica em relação às frases e ilusões legadas pela tradição revolucionária.

38. Partido representado no parlamento por Ledru-Rollin, na literatura por Louis Blanc, e na imprensa pelo diário *La Réforme*. O termo social-democrata significava, na boca dos seus inventores, a parte do Partido Democrático Republicano que tinha um verniz mais ou menos socialista. (Nota de Engels à edição inglesa de 1888.)

O que então se chamava em França o partido socialista-democrata era representado na política por Ledru-Rollin e na literatura por Louis Blanc; tinha, portanto, uma diferença abismal da actual social-democracia alemã. (Nota de Engels à edição alemã de 1890.)

Na Suíça, apoiam os radicais, sem ignorar que este partido é composto por elementos contraditórios, em parte de socialistas democráticos no sentido francês do termo, em parte de burgueses radicais.

Entre os polacos, os comunistas apoiam o partido que vê na revolução agrária uma condição da libertação nacional; o mesmo o partido que provocou em 1846 a insurreição de Cracóvia.[39]

Na Alemanha, quando a burguesia entra em cena de forma revolucionária, o partido comunista luta a seu lado contra a monarquia absoluta, a propriedade feudal da terra e a pequena-burguesia.

Mas em nenhum momento deixa de desenvolver nos trabalhadores a mais clara consciência da hostil oposição que existe entre a burguesia e o proletariado, para que os trabalhadores alemães possam imediatamente servir-se das condições sociais e políticas que a dominação burguesa forçosamente causará como de mais uma entre tantas armas contra a burguesia, e para que, assim que sejam derrubadas as classes reaccionárias na Alemanha, sem interrupção se comece a luta contra a própria burguesia.

É na Alemanha que os comunistas centram a sua atenção, porque a Alemanha está nas vésperas de uma revolução burguesa, porque levará a cabo esta sublevação sob condições mais avançadas da civilização europeia como um todo, e com um proletariado muito mais desenvolvido do que o da Inglaterra do século XVII e o da França de XVIII; portanto, porque a revolução burguesa alemã não poderá ser senão o prelúdio imediato de uma revolução proletária.

Numa palavra, os comunistas apoiam por toda a parte todos os movimentos revolucionários contra a ordem social e política existente.

39. Foram os democratas revolucionários polacos do partido Sociedade Democrática Polaca os principais impulsionadores da insurreição que, com o objectivo de conquistar a libertação nacional, se preparou em Fevereiro de 1846 nas províncias polacas.

Em todos os movimentos, destacam a questão da propriedade como a questão fundamental do movimento, quer esta tenha adoptado uma forma mais ou menos desenvolvida.

Por fim, os comunistas trabalham em todo o lado pela união e pelo entendimento entre os partidos democráticos de todos os países.

Os comunistas desprezam a ocultação das suas posições e objectivos. Declaram abertamente que os seus fins só podem ser alcançados pelo derrube violento de toda a ordem social existente. Que as classes dominantes tremam ante uma revolução comunista. Os proletários não têm nada a perder a não ser os seus grilhões. Têm um mundo a ganhar.

PROLETÁRIOS DE TODOS OS PAÍSES, UNI-VOS!

APÊNDICES

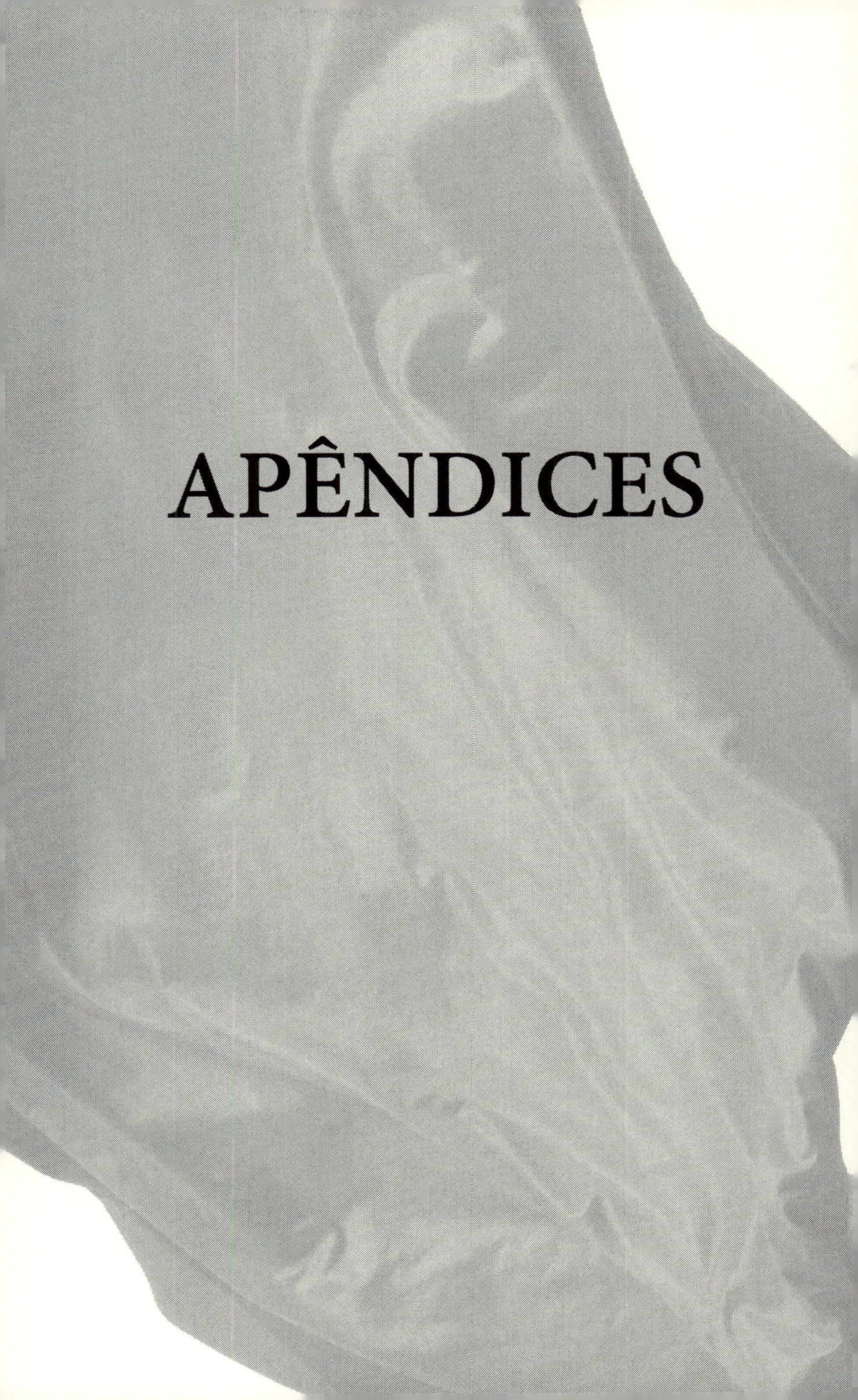

I. Prefácio à edição alemã de 1872

A Liga dos Comunistas — uma associação internacional de trabalhadores que, obviamente, só poderia ser secreta nas condições da época — encarregou-nos, os abaixo-assinados, no congresso realizado em Londres a Novembro de 1847, de redigir um programa teórico e prático detalhado do partido, para publicação. Foi esta a origem do Manifesto seguinte, cujo manuscrito foi enviado para Londres, para impressão, algumas semanas antes da Revolução de Fevereiro.[40]

Publicado primeiramente em alemão, foi republicado nesta língua em pelo menos doze diferentes edições na Alemanha, Inglaterra e América. Foi pela primeira vez publicado em inglês em 1850, no *Red Republican*, Londres, traduzido por Miss Helen Macfarlane, e em 1871 em pelo menos três diferentes traduções na América. A versão francesa apareceu pela primeira vez em Paris, pouco antes da insurreição de Junho de 1848,[41] e, recentemente, no *Le Socialiste* de Nova Iorque. Uma nova tradução está a ser preparada. Uma versão polaca apareceu em Londres pouco depois de ser publicado pela primeira vez na Alemanha.

40. Trata-se da Revolução de Fevereiro de 1848, em França.
41. A insurreição do proletariado parisiense, entre 23 e 26 de Junho, que foi o culminar do processo revolucionário europeu de 1848-49.

Uma tradução russa foi publicada em Geneva nos anos 60. Foi também traduzido para o dinamarquês pouco depois de surgir.

Ainda que o estado de coisas tenha sido alterado durante os últimos 25 anos, os princípios gerais estabelecidos pelo Manifesto mantêm-se, grosso modo, correctos hoje. Aqui ou ali, alguns pontos poderiam ser melhorados. As implicações práticas dos princípios dependerão, tal como o próprio Manifesto explica, sempre e em qualquer lugar das condições históricas existentes no momento e, por isso, não se dá uma importância especial às medidas revolucionárias propostas no final da Secção II. A passagem seria, hoje, em vários aspectos, escrita de forma muito diferente.

Ante o colossal desenvolvimento da grande indústria nos últimos 25 anos e, com este, o desenvolvimento da organização do partido da classe trabalhadora; ante a experiência, primeiro da Revolução de Fevereiro e, depois, mais ainda da Comuna de Paris[42] — quando o proletariado, durante dois meses, deteve pela primeira vez o poder político —, este programa tornou-se, num ou noutro aspecto, antiquado. A Comuna demonstrou, acima de tudo, que "a classe trabalhadora não pode simplesmente tomar posse da máquina de Estado tal como a encontra e servir-se dela para os seus próprios fins" (veja-se *Der Bürgerkrieg in Frankreich, Adresse des Generalrats der Internationalen Arbeiterassoziation*, edição alemã, pág. 19 da edição alemã, onde esta ideia é desenvolvida).[43]

Além do mais, evidentemente, a crítica da literatura socialista é incompleta para os nossos dias, posto que só chega a 1847; de igual modo, as observações feitas sobre a atitude dos comunistas perante os diferentes partidos da

42. Governo revolucionário da classe trabalhadora implantado em Paris depois da Revolução de 1871. Foi a primeira experiência histórica de democracia operária e durou 72 dias, de 18 de Março a 28 de Maio, quando foi barbaramente esmagada na chamada "semana sangrenta".

43. Veja-se K. Marx: *A Guerra Civil em França*.

oposição (secção IV), sendo todavia correctas nos traços gerais, estão antiquadas nos seus detalhes, uma vez que a situação política mudou completamente e o desenvolvimento histórico apagou da face da terra a maioria dos partidos ali enumerados.

Entretanto, o *Manifesto* é um documento histórico que já não temos o direito de modificar. Quiçá uma edição posterior vá precedida de um prefácio que possa preencher a lacuna existente entre 1847 e os nossos dias; a actual reimpressão surgiu tão inesperadamente que não nos deu tempo para isso.

Karl Marx, Friedrich Engels
Londres, 24 de Junho de 1872

II. Prefácio à edição russa de 1882

A primeira edição russa do *Manifesto do Partido Comunista*, traduzido por Bakunin, surgiu a princípios da década de 60[44] na tipografia do *Kolokol*.[45] À época, o Ocidente só podia ver nessa edição uma curiosidade literária. Tal concepção seria impossível nos nossos dias.

Quão limitado era o terreno que ocupava o movimento proletário naquele tempo (Dezembro de 1847) é claramente demonstrado pela última secção: posição dos comunistas perante os diferentes partidos da oposição. Faltam aí, precisamente, a Rússia e os Estados Unidos. Era o tempo em que a Rússia constituía a última grande reserva da reacção europeia, e em que os Estados Unidos absorviam pela imigração o excedente da força proletária da Europa. Ambos os países abasteciam a Europa de matérias-primas e eram ao mesmo tempo mercados para a venda de produtos industriais. Ambos eram, portanto, de uma forma ou de outra, pilares da ordem vigente na Europa.

Quão diferente está tudo isto! Foi justamente a imigração europeia que possibilitou à América do Norte uma

---

44. A edição mencionada foi publicada em 1869.
45. *Kolokol*, que significa, literalmente, "Sino", foi o jornal democrático-revolucionário editado de 1857 a 1867 pelos democratas revolucionários A. Herzen e N. Ogariov. Até 1865 foi publicado em Londres e, depois, em Genebra.

gigantesca produção agrícola, cuja concorrência abala os fundamentos da propriedade fundiária europeia — grande e pequena. Mais ainda, isto permitiu aos Estados Unidos explorar os seus tremendos recursos industriais com uma energia e uma escala tais que se torna inevitável quebrarem em breve o monopólio industrial da Europa Ocidental que até aqui existiu, e especialmente o de Inglaterra. Ambas estas circunstâncias têm uma repercussão revolucionária sobre os próprios Estados Unidos. Passo a passo, a pequena e média propriedade fundiária dos lavradores, pedra angular do regime político, sucumbe à concorrência de gigantescos latifúndios; simultaneamente, um proletariado industrial massivo e uma fabulosa concentração de capitais desenvolvem-se pela primeira vez nas regiões industriais.

E agora a Rússia! Durante a Revolução de 1848-9, não só os príncipes europeus como igualmente todos os burgueses europeus encontraram na intervenção russa a sua única salvação perante o proletariado que começava a despertar. O czar foi proclamado o chefe da reacção europeia. Hoje, é em Gatchina um prisioneiro de guerra da revolução,[46] e a Rússia forma a vanguarda do movimento revolucionário na Europa.

O Manifesto Comunista teve como objectivo proclamar inevitável e iminente dissolução da moderna propriedade burguesa. Mas na Rússia encontramos, frente-a-frente com o embuste da propriedade burguesa que floresce tão rapidamente, começando a desenvolver-se, mais de metade da terra sob a propriedade colectiva dos camponeses. A questão, agora, é a seguinte: poderá a *obshchina* russa[47]

46. Trata-se da situação criada após o assassinato do czar Alexandre II, cometido em 1881 pela Narodnaya Volya (A Vontade do Povo), organização terrorista dos populistas russos. Alexandro III, que subiu então ao trono, não abandonava Gatchina por temer um atentado.

47. *Obschinas,* ou *mirs,* eram aldeias onde vigorava um regime de propriedade comunitária da terra. A palavra *obschin* significa "comum" e *obschina* é, literalmente, "comuna".

— por certo, já muito debilitada, mas ainda uma forma da primitiva propriedade comum da terra — passar directamente à mais elevada forma de propriedade colectiva comunista? Ou, pelo contrário, terá de passar primeiro pelo processo de dissolução que constituiu o desenvolvimento histórico do Ocidente?

A única resposta possível hoje é esta: se a Revolução Russa for o sinal para uma revolução proletária no Ocidente, de tal maneira que ambas se complementem, então a actual propriedade comum da terra pode na Rússia servir de ponto de partida para o desenvolvimento comunista.

Karl Marx, Friedrich Engels
Londres, 21 de Janeiro de 1882

III. Prefácio à edição alemã de 1883

O prefácio à presente edição, infelizmente, tenho de o assinar sozinho. Marx — o homem a quem toda a classe trabalhadora da Europa e América deve mais do que a qualquer outro — repousa em Highgate Cemetery, e sobre o seu túmulo já cresce a primeira erva. Desde a sua morte [14 de Março de 1883], ainda menos se pode pensar em rever ou complementar o *Manifesto*. Mas considero ainda mais necessário afirmar aqui, expressamente, o seguinte:

A ideia fundamental que atravessa todo o *Manifesto* — a saber: que a produção económica, como a estrutura social de cada época histórica que daí necessariamente decorre, constitui a fundação para a história política e intelectual dessa época; que, consequentemente, toda a história (desde a dissolução da propriedade comum primitiva da terra) foi a história das lutas de classes, das lutas entre exploradores e explorados, entre classes dominantes e dominadas nos vários estágios de desenvolvimento social; que estas lutas, no entanto, chegaram agora a um estágio em que a classe explorada (o proletariado) já não pode emancipar-se da classe que a explora e oprime (a burguesia) sem em simultâneo libertar para sempre toda a sociedade da exploração, opressão e das lutas de classes — esta ideia fundamental pertence exclusivamente a Marx.

Já o declarei repetidas vezes; mas agora, precisamente, é necessário que esta declaração encabece o próprio *Manifesto*.

Friedrich Engels
Londres, 28 de Junho de 1883

IV. Prefácio à edição inglesa de 1888

O *Manifesto* foi publicado como programa da Liga dos Comunistas, uma associação de trabalhadores a princípio exclusivamente alemã e, mais tarde, internacional que, sob as condições no continente antes de 1848, era forçosamente secreta. Num Congresso da Liga, celebrado em Novembro de 1847, Marx e Engels foram encarregados de preparar um programa teórico e prático completo para o partido. O manuscrito, escrito em alemão em Janeiro de 1848, foi enviado para a tipografia em Londres umas poucas semanas antes da Revolução Francesa de Fevereiro de 24. Uma tradução francesa surgiu em Paris pouco antes da insurreição de Junho de 1848. A primeira tradução inglesa, de Miss Helen Mcfarlane, apareceu na revista *Red Republican*, de George Julian Harney, em Londres, 1850. Edições dinamarquesa e polaca foram também publicadas.

A derrota da insurreição parisiense de Junho de 1848 — a primeira grande batalha entre o proletariado e a burguesia — voltou a relegar para segundo plano, por algum tempo, as aspirações sociais e políticas da classe trabalhadora europeia. Daí em diante, a luta pela supremacia foi travada outra vez, tal como fora antes da Revolução de Fevereiro, somente entre diferentes sectores da classe possidente; a classe trabalhadora foi reduzida a uma luta por algum espaço de manobra político, e à posição da ala mais extrema dos Radicais da classe média. Onde quer que movimentos proletários independentes continuassem a mostrar sinais de vida, eram impiedosamente perseguidos. Assim foi com a polícia prussiana, que conseguiu caçar o Conselho Central da Liga Comunista, na altura localizado em Colónia. Os membros foram detidos e, depois de dezoito meses de prisão, foram julgados em Outubro de 1852. Este tão celebrado "Julgamento dos Comunistas de Colónia" durou de 4 de Outubro a 12 de Novembro; sete dos prisioneiros foram condenados a penas de prisão numa fortaleza, variando de três a seis anos. Imediatamente depois da sentença, a Liga foi formalmente dissolvida pelos restantes membros. Quanto ao *Manifesto*, parecia então destinado ao esquecimento.

Quando os trabalhadores europeus recuperaram força suficiente para um novo ataque às classes dominantes, surgiu a Associação Internacional dos Trabalhadores. Mas esta associação, formada com o objectivo expresso de unir num só corpo todo o proletariado militante da Europa e da América, não podia de um só golpe proclamar os princípios assentes no *Manifesto*. A Internacional via-se obrigada a ter um programa suficientemente amplo para ser aceitável às *trade unions* inglesas, aos seguidores de Proudhon em França, na Bélgica e em Espanha, e aos lassalianos na Alemanha.[48]

Marx, que redigiu este programa de forma satisfatória para todos os partidos, confiou inteiramente no desenvolvimento intelectual da classe trabalhadora, que certamente resultaria da acção conjunta e da discussão mútua. Os

48. Seguidores do socialista pequeno-burguês Ferdinand Lassalle (1825-1864), membros da Associação Geral dos Trabalhadores Alemães, fundada em 1863 num congresso de organizações de trabalhadores celebrado em Leipzig e cujo primeiro presidente foi precisamente Lassalle. Marx e Engels criticaram duramente, e em repetidas ocasiões, a teoria, a táctica e os princípios organizativos dos lassalianos como corrente oportunista no movimento operário alemão.

próprios acontecimentos e as vicissitudes da luta contra o capital, e ainda mais as derrotas do que as vitórias, só poderiam trazer à mente dos homens a insuficiência das suas variadas panaceias, preparando o terreno para um entendimento mais completo das verdadeiras condições para a emancipação da classe trabalhadora. E Marx estava certo. A Internacional, na sua dissolução em 1874, deixou os trabalhadores feitos homens bem diferentes daqueles que encontrou em 1864. O proudhonismo, em França, e o lassalianismo, na Alemanha, estavam moribundos, e até mesmo as conservadoras trade unions inglesas, apesar de terem em muitos casos cortado os seus laços com a Internacional, estavam gradualmente a avançar para o ponto em que se tornou possível, no ano passado, em Swansea, o seu presidente dizer em nome de todos: "O socialismo do continente já não nos mete medo." Com efeito, os princípios do *Manifesto* tinham avançado consideravelmente entre os trabalhadores de todos os países.

O próprio *Manifesto*, assim sendo, regressou à linha da frente. Desde 1850, o texto alemão fora reimpresso várias vezes na Suíça, na Inglaterra e na América. Em 1872, foi traduzido para o inglês em Nova Iorque, onde a tradução foi publicada na *Woodhull and Claflin's Weekly*. A partir desta versão inglesa, foi feita uma francesa no Le Socialiste de Nova Iorque. Desde aí, pelo menos mais duas traduções inglesas, com maiores ou menores mutilações, foram dadas à luz na América, e uma delas foi reimpressa em Inglaterra. A primeira tradução russa, feita por Bakunin, foi publicada em Genebra, na tipografia do *Kolokol* de Herzen, por volta de 1963;[49] uma segunda versão, da heróica Vera Zasulich,[50] surgiu também em Genebra, em 1882. Há uma nova edição dinamarquesa da *Socialdemokratisk Bibliothek*, em Copenhaga, de 1885; uma nova tradução francesa no *Le Socialiste*, Paris,

49. O ano da publicação foi 1869.
50. A tradução deve-se, na verdade, a G. Plekhanov. Engels indicou-o mais tarde, no epílogo ao seu artigo *As relações sociais na Rússia*.

1886. As reimpressões alemãs não podem ser contadas; houve pelo menos doze. Uma tradução arménia, que deveria ter sido publicada em Constantinopla há alguns meses, não viu a luz do dia, dizem-me, porque a editora teve medo de publicar um livro com o nome de Marx na capa, uma vez que o tradutor se recusou a assumir a autoria. Sobre outras traduções, noutras línguas, já ouvi falar, mas não as vi. E assim, a história do *Manifesto* reflecte a história do moderno movimento da classe trabalhadora; presentemente, é sem dúvida a mais difundida, a mais internacional obra de toda a literatura socialista, o programa comum reconhecido por milhões de trabalhadores, da Sibéria à Califórnia.

Contudo, quando foi escrito, não o poderíamos ter chamado um manifesto *socialista*. Por socialistas, em 1847, entendia-se, por um lado, os aderentes dos variados sistemas utópicos — owenistas em Inglaterra, fourieristas em França, já ambos reduzidos à condição de meras seitas, e definhando; por outro lado, os mais variados charlatães sociais que, através de todo o tipo de ajustes, prometiam resolver, sem qualquer perigo para o capital e para o lucro, todo o tipo de males sociais; em ambos os casos, tratavam-se de homens fora do movimento da classe trabalhadora, procurando antes o apoio das classes "educadas". Todo e qualquer sector da classe trabalhadora que estivesse convencido da insuficiência de meras revoluções políticas, e tivesse proclamado a necessidade de uma mudança social total, assumia-se comunista. Era um tipo cru, mal-amanhado, puramente instintivo de comunismo; ainda assim, tocava no ponto fundamental e foi, entre a classe trabalhadora, suficientemente poderoso para produzir o comunismo utópico de Cabet,[51]

51. Cabet, Étienne (1778-1856): destacado representante do comunismo utópico francês. Considerava que os defeitos do regime burguês podiam ser eliminados mediante a transformação pacífica da sociedade. Expôs as suas ideias no livro *Viagem a Icaria* (1840) e tratou de levá-las à prática, organizando uma comunidade comunista nos estados Unidos. A experiência terminou num redondo fracasso.

em França, e de Weitling,[52] na alemanha. Assim, em 1847, socialismo era um movimento da classe-média, comunismo um movimento da classe trabalhadora. Socialismo era, pelo menos no continente, "respeitável"; comunismo era o oposto. E como a nossa ideia, desde o princípio, era que "a emancipação das classes trabalhadoras tem de ser conquistada pelas próprias classes trabalhadoras", não podia haver dúvida em relação a que nome tomar. Mais ainda: desde então, sempre estivemos longe de o repudiar.

Sendo o *Manifesto* uma produção conjunta, considerome obrigado a dizer que a proposição fundamental que forma o seu núcleo pertence a Marx. Essa proposição é a seguinte: em qualquer época histórica, o modo prevalecente de de produção económica e de troca, e a organização social que dele necessariamente decorre, forma a base sobre a qual é erigida, e só a partir da qual pode ser explicada a história política e intelectual dessa época; e, consequentemente, que toda a história da humanidade (desde a dissolução da primitiva sociedade tribal, que possuía a terra colectivamente) tem sido a história das lutas de classes, conflitos entre exploradores e explorados, classes dominantes e classes oprimidas; que a história destas lutas de classes forma uma série de evoluções pelas quais, hoje em dia, se alcançou um estágio no qual a classe explorada e oprimida — o proletariado — não pode obter a sua emancipação da dominação da classe exploradora e dominante — a burguesia — sem, ao mesmo tempo, e de uma vez por todas, emancipar toda a sociedade de qualquer exploração, opressão, distinção de classe e luta de classes.

52. Weitling, Wilhelm (1808-1871): teórico de uma estirpe bíblica-utópica de comunismo. Segundo Engels, as duas ideias desempenharam um papel positivo "como primeiro movimento teórico independente do proletariado alemão", ainda que após a aparição do socialismo científico tenham retardado o desenvolvimento da consciência de classe do proletariado.

Esta proposição — que, na minha opinião, está destinada a fazer pela história o que a teoria de Darwin[53] fez pela biologia — estávamos ambos a alcançar gradualmente durante alguns anos antes de 1845. Quanto progresso independente fiz nesse sentido é demonstrado da melhor maneira no meu livro *A Condição da Classe Trabalhadora em Inglaterra*. Mas quando voltei a encontrar-me com Marx em Bruxelas, na Primavera de 1845, ele já a tinha trabalhado e apresentou-ma em termos quase tão claros como aqueles com os quais aqui a expus.

Do nosso prefácio conjunto à edição alemã de 1872, cito o seguinte:

> Ainda que o estado de coisas tenha sido alterado durante os últimos 25 anos, os princípios gerais estabelecidos pelo Manifesto mantêm-se, grosso modo, correctos hoje. Aqui ou ali, alguns pontos poderiam ser melhorados. As implicações práticas dos princípios dependerão, tal como o próprio Manifesto explica, sempre e em qualquer lugar das condições históricas existentes no momento e, por isso, não se dá uma importância especial às medidas revolucionárias propostas no final da Secção II. A passagem seria, hoje, em vários aspectos, escrita de forma muito diferente.
>
> Ante o colossal desenvolvimento da grande indústria nos últimos 25 anos e, com este, o desenvolvimento da organização do partido da classe trabalhadora; ante a experiência, primeiro da Revolução de Fevereiro e,

53. Darwin, Charles (1809-1882): biólogo inglês, fundador da biologia materialista. Elaborou a teoria da evolução por selecção natural, que explica o surgimento e o desaparecimento de espécies vivas como resultado do processo de selecção natural —o mecanismo através do qual as diferentes espécies, sofrendo repetidas, aleatórias e hereditárias transformações fisiológicas, na sua relação com o meio, perecem e são extintas ou sobrevivem e continuam a sua evolução. Esta teoria foi exposta pela primeira vez no livro *A Origem das Espécies* (1895) e transformou para sempre as ciências naturais.

depois, mais ainda da Comuna de Paris — quando o proletariado, durante dois meses, deteve pela primeira vez o poder político —, este programa tornou-se, num ou noutro aspecto, antiquado. A Comuna demonstrou, acima de tudo, que "a classe trabalhadora não pode simplesmente tomar posse da máquina de Estado tal como a encontra e servir-se dela para os seus próprios fins" (veja-se *Der Bürgerkrieg in Frankreich, Adresse des Generalrats der Internationalen Arbeiterassoziation*, edição alemã, pág. 19 da edição alemã, onde esta ideia é desenvolvida).

Além do mais, evidentemente, a crítica da literatura socialista é incompleta para os nossos dias, posto que só chega a 1847; de igual modo, as observações feitas sobre a atitude dos comunistas perante os diferentes partidos da oposição (secção IV), sendo todavia correctas nos traços gerais, estão antiquadas nos seus detalhes, uma vez que a situação política mudou completamente e o desenvolvimento histórico apagou da face da terra a maioria dos partidos ali enumerados.

A presente tradução é de Mr. Samuel Moore, o tradutor da maior parte d'*O Capital*, de Marx. Revimo-la conjuntamente, e adicionei algumas notas para explicação de alusões históricas.

Friedrich Engels
Londres, 30 de Janeiro de 1888

V. Prefácio à edição alemã de 1890

Desde que foi escrito,[54] uma nova edição alemã do *Manifesto* tornou-se novamente necessária, e aconteceu igualmente ao *Manifesto* muita coisa que deve aqui ser registada.

Uma segunda tradução russa — de Vera Zasulich — apareceu em Geneva, em 1882; o prefácio dessa edição foi escrito por Marx e por mim. Infelizmente, o manuscrito original em alemão foi extraviado;[55] devo, por isso, traduzir a partir do russo, o que não vai melhorar o texto de maneira nenhuma. Lê-se:

> A primeira edição russa do *Manifesto do Partido Comunista*, traduzido por Bakunin, surgiu a princípios da década de 60 na tipografia do *Kolokol*. À época, o Ocidente só podia ver nessa edição uma curiosidade literária. Tal concepção seria impossível nos nossos dias.
>
> Quão limitado era o terreno que ocupava o movimento proletário naquele tempo (Dezembro de 1847) é claramente demonstrado pela última secção: posição dos comunistas perante os diferentes partidos da oposição. Faltam aí, precisamente, a Rússia e os Estados

54. Engels refere-se ao seu prefácio à edição alemã de 1883.
55. Este original foi posteriormente encontrado.

Unidos. Era o tempo em que a Rússia constituía a última grande reserva da reacção europeia, e em que os Estados Unidos absorviam pela imigração o excedente da força proletária da Europa. Ambos os países abasteciam a Europa de matérias-primas e eram ao mesmo tempo mercados para a venda de produtos industriais. Ambos eram, portanto, de uma forma ou de outra, pilares da ordem vigente na Europa.

Quão diferente está tudo isto! Foi justamente a imigração europeia que possibilitou à América do Norte uma gigantesca produção agrícola, cuja concorrência abala os fundamentos da propriedade fundiária europeia — grande e pequena. Mais ainda, isto permitiu aos Estados Unidos explorar os seus tremendos recursos industriais com uma energia e uma escala tais que se torna inevitável quebrarem em breve o monopólio industrial da Europa Ocidental que até aqui existiu, e especialmente o de Inglaterra. Ambas estas circunstâncias têm uma repercussão revolucionária sobre os próprios Estados Unidos. Passo a passo, a pequena e média propriedade fundiária dos lavradores, pedra angular do regime político, sucumbe à concorrência de gigantescos latifúndios; simultaneamente, um proletariado industrial massivo e uma fabulosa concentração de capitais desenvolvem-se pela primeira vez nas regiões industriais.

E agora a Rússia! Durante a Revolução de 1848-9, não só os príncipes europeus como igualmente todos os burgueses europeus encontraram na intervenção russa a sua única salvação perante o proletariado que começava a despertar. O czar foi proclamado o chefe da reacção europeia. Hoje, é em Gatchina um prisioneiro de guerra da revolução, e a Rússia forma a vanguarda do movimento revolucionário na Europa.

O Manifesto Comunista teve como objectivo proclamar inevitável e iminente dissolução da moderna propriedade burguesa. Mas na Rússia encontramos, frente-a-frente com o embuste da propriedade burguesa que floresce tão rapidamente, começando a desenvolver-se, mais de metade da terra sob a propriedade colectiva dos camponeses. A questão, agora, é a seguinte: poderá a *obshchina* russa — por certo, já muito debilitada, mas ainda uma forma da primitiva propriedade comum da terra — passar directamente à mais elevada forma de propriedade colectiva comunista? Ou, pelo contrário, terá de passar primeiro pelo processo de dissolução que constituiu o desenvolvimento histórico do Ocidente?

A única resposta possível hoje é esta: se a Revolução Russa for o sinal para uma revolução proletária no Ocidente, de tal maneira que ambas se complementem, então a actual propriedade comum da terra pode na Rússia servir de ponto de partida para o desenvolvimento comunista.

Karl Marx, Friedrich Engels
Londres, 21 de Janeiro de 1882

Por volta da mesma data, uma nova versão polaca apareceu em Genebra: *Manifest Kommunistyczny*.

Além disto, uma nova tradução dinamarquesa apareceu no *Socialdemokratisk Bibliothek*, Copenhaga, 1885. Infelizmente, não está propriamente completa; certas passagens essenciais, que parecem ter colocado dificuldades ao tradutor, foram omitidas e, adicionalmente, há sinais de desleixo aqui e ali que se tornam tanto mais desagradavelmente conspícuos por ocorrerem numa tradução que, ao que tudo indica, se o tradutor se tivesse esforçado um pouco mais, poderia ter sido um excelente trabalho.

Uma nova versão francesa apareceu em 1886 no *Le Socialiste* de Paris; é a melhor versão até hoje publicada.

A partir desta última, foi publicada uma versão espanhola no mesmo ano, no *El Socialista* de Madrid, e depois reimpressa como brochura: *Manifiesto del Partido Comunista, por C. Marx y F. Engels, Madrid. Administración de El Socialista, Hernán Cortés, 8.*

A título de curiosidade, devo mencionar que em 1887 o manuscrito de uma tradução arménia foi entregue a uma editora na Constantinopla. Mas o bom homem não teve a coragem de publicar uma obra na qual figurava o nome de Marx e sugeriu que o tradutor assinasse como autor, o que este, porém, se negou a fazer.

Após uma e logo outra das mais imprecisas traduções americanas terem sido repetidamente reimpressas em Inglaterra, uma autêntica versão apareceu finalmente em 1888. Foi o meu amigo, Samuel Moore, e revimo-la conjuntamente uma última vez antes de a enviarmos à tipografia. É intitulada: *Manifesto of the Communist Party, by Karl Marx and Frederick Engels. Authorized English translation, edited and annotated by Frederick Engels, 1888, London, William Reeves, 185 Fleet Street, E.C.* Reproduzi na presente edição algumas notas escritas por mim para esta tradução.

O *Manifesto* tem uma história própria. Recebido com entusiasmo no momento do seu surgimento pela pouco numerosa vanguarda do socialismo científico (como o provam as traduções mencionadas no primeiro prefácio), foi prontamente relegado a segundo plano pela reacção que começou com a derrota dos trabalhadores de Paris, em Junho de 1848, e finalmente excomungado "por lei" com a condenação dos comunistas de Colónia, em Novembro de 1852. Com o movimento dos trabalhadores, iniciado com a Revolução de Fevereiro, a desaparecer da arena pública, também o *Manifesto* passou a segundo plano.

Quando os trabalhadores europeus recuperaram a força suficiente para um novo ataque às classes dominantes, surgiu a Associação Internacional dos Trabalhadores. O seu objectivo era reunir num único gigantesco exército toda a classe trabalhadora militante da Europa e da América. Por este motivo, não podia partir dos princípios estabelecidos no *Manifesto*. Estava condenada a ter um programa que não fechasse a porta às *trade unions* inglesas, aos proudhonistas franceses, belgas, italianos e espanhóis, aos lassalianos alemães.[56] Este programa — as considerações subjacentes aos estatutos da Internacional[57] — foi redigido por Marx com uma mestria reconhecida até mesmo por Bakunin e pelos anarquistas.Para o derradeiro triunfo das ideias avançadas no *Manifesto*, Marx apoiou-se apenas no desenvolvimento intelectual da classe trabalhadora, uma vez que ele necessariamente resultaria da unidade na acção e na discussão. Os acontecimentos e vicissitudes na luta contra o capital, e as derrotas ainda mais do que os sucessos, não podiam senão demonstrar aos combatentes o quão inadequadas eram as suas antigas panaceias universais, e tornar as suas mentes mais receptivas a um entendimento minucioso das verdadeiras condições para a emancipação da classe trabalhadora. E Marx estava certo. A classe trabalhadora de 1874, na dissolução da internacional, era bem diferente da fundada em 1864. O proudhonismo nos países latinos, e o lassalianismo, específico da Alemanha, estavam moribundos; até mesmo as dez arqui-conservadoras *trade unions* inglesas se aproximavam gradualmente do ponto no qual, em 1887, o presidente da mesa do seu Congresso de Swansea pôde dizer em nome de todas elas: "O socialismo do continente já não nos mete medo." No entanto, em 1887 o socialismo do continente era quase exclusivamente o da teoria anunciada no *Manifesto*. Assim, em certa medida, a história do *Manifesto* reflecte a história da moderno movimento da classe trabalhadora desde 1848. Presentemente, é sem dúvida o programa mais amplamente difundido, o mais internacional produto de toda a literatura socialista,

56. Perante nós, Lassalle sempre se declarou pessoalmente um "discípulo" de Marx e, como tal, alguém que se situava no terreno do *Manifesto*. Mas na sua agitação pública de 1862 a 1864 não ia além de exigir cooperativas de produção apoiadas por crédito do Estado. (Nota de Engels)

57. Veja-se: Marx, *Estatutos Gerais da Associação Internacional dos Trabalhadores*.

o programa comum de muitos milhões de trabalhadores de todos os países da Sibéria à Califórnia.

No entanto, quando surgiu, não o poderíamos ter chamado um manifesto *socialista*. Em 1847, dois tipos de pessoas eram chamados socialistas. Por um lado, os aderentes dos variados sistemas utópicos, notavelmente, os owenistas em Inglaterra e os fourieristas em França que, em ambos os casos, já tinham minguado até ser meras seitas em definhamento. Por outro lado, os múltiplos tipos de charlatães sociais que pretendiam eliminar os abusos sociais através das suas panaceias universais e todo o tipo de remendos, sem aleijar minimamente o capital ou o lucro. Em ambos os casos, tratava-se de pessoas que estavam fora do movimento dos trabalhadores e que procuravam o apoio das classes "educadas". A secção da classe trabalhadora que, contudo, exigia a reconstrução radical da sociedade, convencida de que meras revoluções políticas não bastavam, chamava-se a si própria de *comunista*. Ainda era um comunismo mal-amanhado, somente instintivo e, de certa maneira, muito frequentemente crú. Apesar disso, era poderoso o bastante para gerar dois sistemas de comunismo utópico — em França, o comunismo "icariano" de Cabet e, na Alemanha, o de Weitling. Socialismo, em 1847, significava um movimento burguês, comunismo um movimento da classe trabalhadora. O socialismo era, pelo menos no continente, bastante respeitável, ao passo que o comunismo era o oposto. E uma vez que éramos já na altura decididamente da opinião de que "a emancipação das classes trabalhadoras tem de ser conquistada pelas próprias classes trabalhadoras", não tínhamos como hesitar na escolha entre os dois nomes. Nem jamais nos ocorreu repudiar o nome que escolhemos.

"Proletários de todos os países, uni-vos!" Poucas vozes responderam quando gritámos estas palavras ao mundo, há 42 anos, em vésperas da primeira Revolução de Paris na qual o proletariado avançou com reivindicações próprias. Mas a 28 de Setembro de 1864, os proletários da maioria dos países da Europa Ocidental uniam-se na Associação Internacional dos Trabalhadores, de gloriosa memória. É verdade que a Internacional viveu somente nove anos. Mas o dia de hoje é a melhor testemunha de como a eterna união dos proletários de todos os países por ela criada ainda vive, e vive mais forte do que nunca. Porque hoje, enquanto escrevo estas linhas, o proletariado europeu e americano passa revista às suas forças de combate, mobilizado pela primeira vez, mobilizado como *um* exército, sob *uma* bandeira, para *um* objectivo imediato: a instauração do dia de trabalho de oito horas por decreto legal, tal como proclamado pelo Congresso de Geneva da Internacional, em 1866, e novamente pelo Congresso de Trabalhadores de Paris, em 1889. E o espectáculo do dia de hoje abrirá os olhos aos capitalistas e aos latifundiários de todos os países para que vejam como hoje os proletários de todos os países estão de facto unidos.

Se Marx pudesse estar a meu lado para ver isto com os seus próprios olhos!

Friedrich Engels
Londres, 1 de Maio de 1890

VI. Prefácio da edição polaca de 1892

O facto de ser necessária uma nova edição polaca do *Manifesto Comunista* dá azo a vários pensamentos.

Antes de mais, é assinalável que ultimamente o *Manifesto* se tornou, de certa maneira, um índice do desenvolvimento da grande indústria no continente europeu. Na mesma medida em que se expande a grande indústria num dado país, cresce entre os trabalhadores desse país a busca por um entendimento da sua posição enquanto classe trabalhadora na relação com as classes possidentes; o movimento socialista desenvolve-se entre eles e a procura pelo *Manifesto* aumenta. Desta forma, não só o estado do movimento dos trabalhadores como também o grau de desenvolvimento da grande indústria podem, com bastante precisão, ser medidos em cada país pelo número de cópias do *Manifesto* em circulação na linguagem desse país.

Assim, a nova edição polaca indica um progresso decisivo da indústria polaca. E não pode restar qualquer dúvida de que este progresso teve de facto lugar desde a anterior edição, publicada há dez anos. A Polónia russa, a Polónia do Congresso,[58] tornou-se a grande região industrial do

58. A *Polónia do Congresso* era a parte da Polónia que, com o nome oficial de Reino da Polónia, passou a fazer parte da Rússia nos acordos do Congresso de Viena, celebrado em 1814-15.

Império Russo. Enquanto a grande indústria russa é dispersa esporadicamente — uma parte no golfo da Finlândia, outra no centro (Moscovo e Vladimir), uma terceira ao longo das costas do mar Negro e do mar de Azov, e ainda outras por outros lados —, a indústria polaca foi concentrada numa área relativamente pequena e desfruta tanto das vantagens como das desvantagens resultantes de tal concentração. Os fabricantes russos, concorrentes, reconheceram estas vantagens quando exigiram protecção alfandegária contra a Polónia, apesar do seu ardente desejo de transformar os polacos em russos. As desvantagens — para os fabricantes polacos e para o governo russo — são patentes na rápida difusão de ideias socialistas entre os trabalhadores polacos e na crescente procura pelo *Manifesto.*

Mas o rápido desenvolvimento da indústria polaca, ultrapassando o da Rússia, é por sua vez uma nova prova da inesgotável vitalidade do povo polaco e uma nova garantia da sua eminente restauração nacional. E a restauração de uma Polónia independente e forte é um assunto que diz respeito não só aos polacos, mas a todos nós. Uma sincera colaboração internacional das nações europeias é possível unicamente se cada uma destas nações for completamente autónoma na sua própria casa. A Revolução de 1848, que sob a bandeira do proletariado, no final de contas, deixou os combatentes proletários fazer apenas o trabalho da burguesia, assegurou também a independência de Itália, da Alemanha e da Hungria por meio dos seus executores testamentários,[59] Louis Bonaparte[60]

59. No prefácio à edição inglesa da sua obra *A Situação da Classe Trabalhadora em Inglaterra,* Engels escreveu: "A revolução de 1848, tal como muitas outras anteriores, teve um destino estranho. Os mesmos que as esmagaram tornaram-se, como dizia Marx, nos seus executores testamentários. Louis Bonaparte viu-se obrigado a criar a Itália una e independente. Bismarck teve de devolver a Alemanha a si própria e dar à Hungria certa independência."
60. Louis Bonaparte (1808-1873): sobrinho de Napoleão I, presidente da Segunda República e imperador de França como Napoleão III.

e Bismarck;[61] mas a Polónia, que desde 1872 já fez mais pela Revolução do que estes três juntos, foi deixada à sua sorte quando sucumbiu, em 1863, à força dez vezes superior da Rússia.[62] A nobreza não pôde nem manter nem reconquistar a independência polaca; hoje, para a burguesia, esta independência é, no mínimo, indiferente. Ainda assim, é uma necessidade para a colaboração harmoniosa das nações europeias. Só pode ser conquistada pelo jovem proletariado polaco, e nas suas mãos está segura. Porque os trabalhadores do resto da europa precisam da independência da Polónia tanto quanto os próprios trabalhadores polacos.

Friedrich Engels
Londres, 10 de Fevereiro de 1892

61. Bismarck, Otto von (1815-1898): estadista e diplomata da Prússia e da Alemanha. Em 1871, unificou a Alemanha sob a hegemonia da Prússia e proclamou-se chanceler do Império Alemão.
62. Alusão à insurreição de libertação nacional iniciada em Janeiro de 1863 nas províncias polacas que formavam parte do Império Russo, reprimida cruelmente pelas tropas do czar. Os governos das potências europeias ocidentais — em cuja intervenção estavam concentradas as esperanças dos dirigentes da insurreição — limitaram-se a gerir diplomaticamente a situação, na prática traindo os insurrectos.

VII. Prefácio à edição italiana de 1893

Aos leitores italianos:

Pode dizer-se que a publicação do *Manifesto do Partido Comunista* coincidiu com o 18 de Março de 1848, o dia da revolução em Milão e em Berlim, que foram levantamentos armados das duas nações situadas no centro — uma no centro da europa, a outra no centro do Mediterrâneo; duas nações que até aí tinham sido enfraquecidas pela divisão e conflitos internos, e que consequentemente caíram sob dominação estrangeira. Enquanto Itália foi submetida ao imperador da Áustria, a Alemanha sofreu o jugo, indirecto mas não menos efectivo, do czar de todas as Rússias. As consequências do 18 de Março de 1848 livraram tanto a Itália como a Alemanha desta humilhação; se, entre 1848 e 1871, estas duas grandes nações foram reconstituídas e, de alguma forma, devolvidas a si próprias, foi, como dizia Karl Marx, porque os homens que suprimiram a Revolução de 1848 foram, a contragosto, os seus executores testamentários.

Por todo o lado a revolução era a obra da classe trabalhadora; foi esta que levantou as barricadas e pagou com a vida. Só os trabalhadores de Paris tinham, ao derrubar o governo, a intenção bem definida de derrubar o regime burguês. Mas, por mais conscientes que fossem do antagonismo fatal entre a sua própria classe e a burguesia, nem o progresso económico do país nem o desenvolvimento intelectual da massa dos trabalhadores franceses tinha ainda chegado ao estado no qual seria possível uma reconstrução social. Em última análise, portanto, os frutos da revolução foram colhidos pela classe capitalista. Nos outros países — em Itália, na Alemanha, na Áustria — os trabalhadores, desde o princípio, não fizeram mais do que alçar a burguesia ao poder. Mas, em qualquer país, a dominação da burguesia é impossível sem a independência nacional. Por este motivo, a Revolução de 1848 teve de trazer de arrasto a unidade nacional e a autonomia das nações que até então não as tinham: Itália, Alemanha, Hungria. A Polónia se seguirá.

Assim, se a Revolução de 1848 não foi uma revolução socialista, abriu o caminho e preparou o terreno para esta. Através do ímpeto dado à grande indústria em todos os países, o regime burguês, durante os últimos 45 anos, criou por todo o lado um numeroso, concentrado e poderoso proletariado. Levantou desta forma, na linguagem do *Manifesto*, os seus próprios coveiros. Sem restaurar a autonomia e a unidade de cada nação, será impossível alcançar a unidade internacional do proletariado, ou a pacífica e inteligente cooperação destas nações para fins comuns. Imagine-se tão-somente a acção conjunta e internacional dos trabalhadores italianos, húngaros, alemães, polacos e russos sob as condições que precederam 1848!

As batalhas travadas em 1848 não foram, portanto, em vão. E tampouco os quarenta e cinco anos que nos separam daquela época revolucionária passaram em vão. Os frutos estão a amadurecer, e tudo o que desejo é que a publicação desta tradução italiana possa augurar a vitória do proletariado italiano tal como a publicação do original augurou a revolução internacional.

O *Manifesto* presta plena justiça ao serviço revolucionário desempenhado pelo capitalismo no passado. A primeira nação capitalista foi Itália. O encerramento da feudal Idade Média e a abertura da moderna era capitalista estão marcados por uma colossal figura: Dante, um italiano, último poeta da Idade Média e primeiro poeta dos tempos modernos. Hoje, como em 1300, aproxima-se uma nova era. Será a Itália a dar-nos um novo Dante, que marque a hora do nascimento desta nova era proletária?

Friedrich Engels
Londres, 1 de Fevereiro de 1893

VIII. Noventa anos do Manifesto Comunista[63]

É difícil acreditar que o centenário do *Manifesto do Partido Comunista* está a apenas dez anos de distância. Esta brochura, mais genial do que qualquer outra na literatura mundial, surpreende-nos ainda hoje pela sua actualidade. As suas secções mais importantes parecem ter sido escritas ontem. Comprovadamente, os jovens autores (Marx tinha vinte e nove anos, Engels tinha vinte e sete) foram capazes de ter uma visão mais longa de futuro do que qualquer pessoa antes deles e, possivelmente, qualquer pessoa desde eles.

Tão-cedo quanto o seu prefácio conjunto à edição de 1872, Marx e Engels declararam que, não obstante o facto de certas passagens secundárias no *Manifesto* serem antiquadas, não mais sentiam ter qualquer direito a alterar o texto original na medida em que o *Manifesto* se tinha tornado já um documento histórico durante o período de vinte e cinco anos desde a sua publicação. Outros sessenta e cinco anos se passaram desde então. Passagens isoladas no *Manifesto* afundaram-se ainda mais profundamente no passado. Tentaremos apontar neste prefácio, sucintamente,

63. Este texto foi redigido por Leon Trotsky a 30 de Outubro de 1937 como prefácio à primeira edição d'O Manifesto do Partido Comunista em africâner, na África do Sul.

aquelas ideias do *Manifesto* que retêm hoje toda a sua força, assim como aquelas que requerem importantes alterações ou expansões.

1. A concepção materialista da história, só pouco antes descoberta por Marx e aplicada com completa habilidade no *Manifesto*, resistiu totalmente ao teste dos acontecimentos e aos golpes da crítica hostil. Ela constitui hoje um dos mais preciosos instrumentos do pensamento humano. Todas as outras interpretações do processo histórico perderam todo o sentido científico. Podemos declarar com certeza que, no nosso tempo, é impossível não só ser um militante revolucionário como ser sequer um observador letrado na política sem ter assimilado a interpretação materialista da história.

2. O primeiro capítulo do *Manifesto* abre com as seguintes palavras: "A história de todas as sociedades até aos nossos dias é a história das lutas de classes." Este postulado, a mais importante conclusão extraída da interpretação materialista da história, imediatamente se tornou ele próprio uma questão na luta de classes. Hipócritas reaccionários, doutrinários liberais e democratas idealistas dirigiram ataques especialmente venenosos contra a teoria que substituiu a luta de interesses materiais ao "bem comum", à "unidade nacional" e às "eternas verdades morais" como força motriz da história. Juntaram-se-lhes mais tarde figuras recrutadas das fileiras do próprio movimento operário, os chamados revisionistas, i.e., os proponentes da revisão ("revisionismo") do marxismo no espírito da colaboração de classes e da conciliação de classes. Finalmente, no nosso tempo, o mesmo caminho foi na prática seguido pelos abjectos epígonos da Internacional Comunista (os "stalinistas"): a política da chamada Frente Popular flui inteiramente da negação das leis da luta de classes. No entanto, é precisamente a época imperialista que, levando todas as contradições sociais ao mais alto ponto de tensão, dá ao *Manifesto Comunista* o seu triunfo teórico supremo.

3. A anatomia do capitalismo, como estágio específico no desenvolvimento económico da sociedade, foi dada na sua forma acabada por Marx, n'*O Capital* (1867). Mas já no *Manifesto Comunista* as linhas principais da futura análise estão nitidamente esboçadas: o pagamento por força de trabalho como equivalente ao custo da sua reprodução; a apropriação da mais-valia pelos capitalistas; a concorrência como a lei básica das relações sociais; a ruína das classes intermédias, *i.e.*, a pequena-burguesia urbana e o campesinato; a concentração da riqueza nas mãos de um número sempre decrescente de proprietários, num pólo, e o crescimento numérico do proletariado, no outro; a preparação das condições materiais e políticas para o regime socialista.

4. A proposição no *Manifesto* que concerne à tendência de o capitalismo baixar os padrões de vida dos trabalhadores, e até de os transformar em indigentes, foi submetida a numerosos e pesados ataques. Sacerdotes, professores, ministros, jornalistas, teóricos social-democratas e dirigentes sindicais investiram contra a chamada "teoria da pauperização". Descobriram invariavelmente sinais de crescente prosperidade entre os trabalhadores, fazendo a aristocracia operária passar por proletariado ou tomando como permanente uma tendência fugaz. Entretanto, mesmo o desenvolvimento do mais poderoso capitalismo do mundo, nomeadamente o capitalismo dos EUA, transformou milhões de trabalhadores em mendigos mantidos à custa de caridade federal, municipal ou privada.

5. Também contra o *Manifesto*, que descreveu as crises comerciais e industriais como uma série de catástrofes cada vez mais extensas, os revisionistas juraram que o desenvolvimento de trusts nacionais e internacionais garantiria controlo sobre o mercado e levaria à abolição gradual das crises. O fecho do século passado e o início do presente século foram, realmente, marcados por um desenvolvimento de tal maneira impetuoso do capitalismo que as crises pareceram ser apenas paragens "acidentais". Mas

essa época acabou para sempre. Em última análise, igualmente nesta questão a verdade provou estar com Marx.

6. "O moderno poder de Estado não passa de um comité de gestão dos negócios comuns de toda a classe burguesa." Esta fórmula sucinta, que os líderes da social-democracia consideravam um paradoxo jornalístico, contém na verdade a única teoria científica do Estado. A democracia formada pela burguesia não é, como tanto Bernstein como Kautsky julgavam, um saco vazio que podemos encher tranquilamente com um qualquer conteúdo de classe. A democracia burguesa pode servir unicamente a burguesia. Um governo de "Frente Popular", seja encabeçado por Blum ou Chautemps, Caballero ou Negrín, é apenas "um comité de gestão dos negócios comuns de toda a classe burguesa". No momento em que este "comité" administre tais negócios insatisfatoriamente, a burguesia dissolve-o sob a sua bota.

7. "Toda a luta de classes é uma luta política" "[A] organização do proletariado em classe e, consequentemente, em partido político". Os sindicalistas, por um lado, e os anarco-sindicalistas, por outro, há muito evitam —e ainda hoje evitam— o entendimento destas leis históricas. O sindicalismo "puro" recebeu um golpe esmagador no seu principal refúgio: os Estados Unidos. O anarco-sindicalismo sofreu uma derrota irreparável na sua última fortaleza —Espanha. Também aqui o *Manifesto* se provou correcto.

8. O proletariado não pode conquistar o poder dentro do quadro legal estabelecido pela burguesia. "[Os comunistas] Declaram abertamente que os seus fins só podem ser alcançados pelo derrube violento de toda a ordem social existente." O reformismo buscou explicar este postulado do *Manifesto* com base na imaturidade do movimento daquela época, assim como no desenvolvimento desadequado da democracia. Já o destino das democracias italiana, alemã e um grande número de outras "democracias", prova que a "imaturidade" é o traço distintivo das ideias dos próprios reformistas.

9. Para a transformação socialista da sociedade, a classe trabalhadora deve concentrar nas suas mãos um poder tal que seja capaz de esmagar todos os obstáculos políticos a barrar-lhe o caminho para o novo sistema. "[O] proletariado organizado como classe dominante" —esta é a ditadura. Ao mesmo tempo, é a única verdadeira democracia proletária. O seu alcance e profundidade dependem de condições históricas concretas. Quanto maior for o número de estados a seguir o caminho da revolução socialista, tanto mais livres e flexíveis serão as formas assumidas pela ditadura, tanto mais ampla e profunda será a democracia operária.

10. O desenvolvimento internacional do capitalismo predeterminou o carácter internacional da revolução proletária. "A acção unida, pelo menos dos países civilizados, é uma das primeiras condições para a libertação do proletariado." O desenvolvimento subsequente do capitalismo uniu tão intimamente todas as secções do nosso planeta, tanto as "civilizadas" quanto as "incivilizadas", que o problema da revolução socialista assumiu decisiva e completamente um carácter mundial. A burocracia soviética tentou liquidar o *Manifesto* no respeitante a esta questão fundamental. A degeneração bonapartista do Estado soviético é a ilustração avassaladora da falsidade da teoria do socialismo num só país.

11. "Uma vez que, no curso do desenvolvimento, tenham desaparecido as diferenças de classe e se tenha concentrado toda a produção nas mãos de indivíduos associados, o poder público perderá o seu carácter político." Por outras palavras: o Estado definha. A sociedade permanece, livre do colete de forças. Isto não é senão socialismo. O teorema inverso: o monstruoso crescimento da coerção de Estado na URSS é testemunho eloquente de como a sociedade se está a afastar do socialismo.

12. "Os trabalhadores não têm pátria." Estas palavras do *Manifesto* foram avaliadas mais do que uma vez por filistinos como um lance agitacional. Em boa verdade, elas

providenciaram ao proletariado a única directiva concebível na questão da "pátria" capitalista. A violação desta directiva pela Segunda Internacional provocou não só quatro anos de devastação na Europa, como a actual estagnação da cultura mundial. Ante a iminente nova guerra, para a qual a traição da Terceira Internacional abriu caminho, o *Manifesto* permanece, mesmo agora, o mais confiável conselheiro na questão da "pátria" capitalista.

* * *

Assim vemos como a produção conjunta e bastante breve de dois jovens autores continua a oferecer diretrizes insubstituíveis para as mais importantes e candentes questões da luta pela emancipação. Que outro livro poderia ser sequer comparado distantemente ao *Manifesto Comunista*? Isto não implica, no entanto, que, depois de noventa anos de desenvolvimento sem precedentes das forças produtivas e de enormes lutas sociais, o *Manifesto* não necessite de correcções ou adendas. O pensamento revolucionário não tem nada em comum com a idolatria. Programas e prognósticos são testados e corrigidos à luz da experiência, o critério supremo da razão humana. Também o *Manifesto* requer correcções e adendas. No entanto, como é evidenciado pela própria experiência histórica, essas correcções e adendas podem ser feitas com êxito apenas quando se proceder de acordo com o método inserido nas fundações do próprio *Manifesto*. Tentaremos demonstrar isto em alguns exemplos da maior importância.

1. Marx ensinou que nenhum sistema social abandona a arena da história sem antes esgotar todo o seu potencial criativo. O *Manifesto* critica severamente o capitalismo por retardar o desenvolvimento das forças produtivas. Durante aquele período, no entanto, assim como nas décadas seguintes, este retardamento era apenas de natureza relativa. Houvesse a possibilidade de organizar a economia sobre uma base socialista na segunda metade do século XIX, os

seus ritmos de crescimento teriam sido incomensuravelmente maiores. Mas este postulado, teoricamente irrefutável, não invalida o facto de que as forças produtivas continuaram a expandir-se à escala mundial até às vésperas da Guerra Mundial. Apenas nos últimos vinte anos, apesar das mais modernas conquistas da ciência e da tecnologia, começou a época de completa estagnação e até mesmo do declínio da economia mundial. A humanidade começa a consumir o seu capital acumulado enquanto a próxima guerra ameaça destruir os próprios alicerces da civilização por muitos anos. Os autores do *Manifesto* pensavam que o capitalismo seria desfeito muito antes do tempo em que passaria de regime relativamente reaccionário a regime absolutamente reaccionário. Esta transformação tomou a sua forma final unicamente perante os olhos da geração actual, convertendo a nossa época em época de guerras, revoluções e fascismo.

2. O erro de Marx e Engels em relação às datas históricas fluiu, por um lado, de uma subestimação de futuras possibilidades latentes no capitalismo e, por outro lado, de uma sobrestimação da maturidade revolucionária do proletariado. A revolução de 1848 não se tornou uma revolução socialista como se calculava no *Manifesto,* antes abriu à Alemanha a possibilidade de uma futura e vasta ascensão capitalista. A Comuna de Paris provou que sem um partido revolucionário experimentado à sua cabeça o proletariado não é capaz de arrebatar o poder à burguesia. Entretanto, o longo período de prosperidade capitalista que se seguiu não trouxe consigo a educação da vanguarda revolucionária, mas antes a degeneração burguesa da aristocracia laboral, que se tornou por seu turno o principal travão da revolução proletária. Na natureza das coisas, os autores do *Manifesto* não tinham a possibilidade de prever esta "dialéctica".

3. Para o *Manifesto,* o capitalismo era o reino da livre concorrência. Embora referindo a crescente acumulação de capital, o *Manifesto* não retirou a necessária conclusão em

relação ao monopólio, que se tornou a forma capitalista dominante na nossa época e a mais importante pré-condição para a economia socialista. Apenas mais tarde, n'*O Capital*, Marx estabeleceu a tendência para a transformação da livre concorrência em monopólio. Foi Lenin quem fez uma caracterização científica do capitalismo monopolista no seu livro, Imperialismo.

4. Baseando-se no exemplo da "revolução industrial" em Inglaterra, os autores do *Manifesto* retrataram de forma demasiado unilateral o processo de liquidação das classes intermédias como sendo uma proletarização completa dos artesãos, dos pequenos comerciantes e do campesinato. Na verdade, os forças primitivas da concorrência ficaram longe de completar este trabalho simultaneamente progressista e bárbaro. O capitalismo arruinou a pequena-burguesia a um ritmo muito mais veloz do que a proletarizou. Mais ainda, o Estado burguês há muito que leva a cabo uma política consciente de manutenção artificial dos estratos pequeno -burgueses. No pólo oposto, o crescimento da tecnologia e a racionalização da produção de larga escala geram desemprego crónico e obstruem a proletarização da pequena-burguesia. Simultaneamente, o desenvolvimento do capitalismo acelerou ao extremo o crescimento de legiões de técnicos, administradores, empregados comerciais, em suma, a chamada "nova classe média". Consequentemente, as classes intermédias, a cujo desaparecimento o *Manifesto* se refere tão categoricamente, representam cerca de metade da população mesmo num país tão industrializado como a Alemanha. No entanto, a preservação artificial de antiquados estratos pequeno-burgueses de forma alguma mitiga as contradições sociais mas, muito pelo contrário, acomete-as de uma especial perversão e, juntamente com o permanente exército de desempregados, constitui a mais malévola expressão da decadência capitalista.

5. Concebido para uma época revolucionária, o *Manifesto* contém (no final do capítulo II) dez medidas correspondentes ao período de transição directa do capitalismo

para o socialismo. No seu prefácio de 1872, Marx e Engels declararam estas medidas em parte antiquadas e, em todo o caso, de importância secundária. Os reformistas interpretaram esta avaliação no sentido de as medidas revolucionárias de transição terem para sempre cedido o lugar ao "programa mínimo" social-democrata que, como é bem sabido, não transcende os limites da democracia burguesa. Em boa verdade, os autores do *Manifesto* indicaram muito precisamente a principal correcção ao seu programa de transição, nomeadamente, "a classe trabalhadora não pode simplesmente tomar posse da máquina de Estado tal como a encontra e servir-se dela para os seus próprios fins." Por outras palavras, a correcção foi dirigida contra o fetichismo da democracia burguesa. Mais tarde, Marx contrapôs ao Estado capitalista o Estado do tipo da Comuna. Este "tipo" assumiu subsequentemente a forma muito mais gráfica dos sovietes. Hoje, não pode haver um programa revolucionário sem sovietes e sem controlo operário. Quanto ao resto, as dez medidas do *Manifesto*, que numa época de pacífica actividade parlamentar pareciam "arcaicas", hoje recuperaram completamente o seu verdadeiro significado. Já o "programa mínimo" social-democrata, por seu lado, tornou-se irremediavelmente antiquado.

6. Afirmando a sua expectativa de que "a revolução burguesa alemã não poderá ser senão o prelúdio imediato de uma revolução proletária", o *Manifesto* cita as condições muito mais avançadas da civilização europeia quando comparadas com o que existia na Inglaterra do século XVII e com a França do século XVIII e o muito maior desenvolvimento do proletariado. O erro neste prognóstico não foi somente na data. A revolução de 1848 revelou em poucos meses que, precisamente em condições mais avançadas, nenhuma das classes burguesas é capaz de levar a revolução ao seu término: a grande e média burguesia está estreita e demasiadamente vinculada aos latifundiários, além de paralisada pelo medo das massas; a pequena

burguesia está por demais dividida e a sua liderança é demasiado dependente da grande burguesia. Como evidenciado por todo o subsequente desenvolvimento na Europa e na Ásia, a revolução burguesa, tomada por si só, geralmente, já não pode ser consumada. Purgar completamente o lixo feudal da sociedade é concebível unicamente na condição de o proletariado, liberto da influência dos partidos burgueses, tomar o seu lugar à cabeça do campesinato e estabelecer a sua ditadura revolucionária. Por este motivo, a revolução burguesa entrelaça-se com o primeiro estágio da revolução socialista, dissolvendo-se subsequentemente neste último. A revolução nacional torna-se com isto um elo da revolução mundial. A transformação do fundamento económico e de todas as relações sociais assume um carácter permanente (ininterrupto).

Para partidos revolucionários em países atrasados da Ásia, da América Latina e de África, um entendimento claro da ligação orgânica entre a revolução democrática e a ditadura do proletariado — e, assim, a revolução socialista internacional — é uma questão de vida ou morte.

7. Ao demonstrar como o capitalismo arrasta para o seu vortex nações atrasadas e bárbaras, o *Manifesto* não contém qualquer referência à luta pela independência dos países coloniais ou semi-coloniais. Na medida em que Marx e Engels consideraram a revolução social, "pelo menos dos países civilizados", como sendo uma questão para os anos imediatamente seguintes, a questão colonial resolvia-se automaticamente não como consequência de um movimento independente das nacionalidades oprimidas, mas antes como consequência da vitória do proletariado nos centros metropolitanos do capitalismo. Os problemas da estratégia revolucionária nos países coloniais e semi-coloniais são, por isso, completamente ignorados no *Manifesto*. No entanto, estes problemas exigem uma solução própria. A título de exemplo, enquanto é sobejamente evidente que a "pátria nacional" se tornou o mais funesto travão histórico nos países capitalistas avançados,

ela ainda se mantém um factor relativamente progressista nos países atrasados e compelidos a lutar por uma existência independente.

"Os comunistas", declara o *Manifesto*, "apoiam por toda a parte todos os movimentos revolucionários contra a ordem social e política existente". O movimento das raças de cor contra os seus opressores imperialistas é um dos mais importantes e poderosos movimentos contra a ordem existente e, portanto, demanda o completo, incondicional e ilimitado apoio da parte do proletariado de raça branca. O mérito de desenvolver a estratégia revolucionária para nacionalidades oprimidas pertence, primeiramente, a Lenin.

8. A mais antiquada secção do *Manifesto* — no respeitante não a questões de método mas a questões materiais — é a crítica da literatura "socialista" da primeira parte do século XIX (o Capítulo III) e a definição da posição dos comunistas em relação a vários partidos da oposição (o Capítulo IV). Os movimentos e partidos listados no *Manifesto* foram tão drasticamente varridos, quer pela Revolução de 1848, quer pela contra-revolução que se seguiu, que é agora necessário ir procurar os seus nomes num dicionário histórico. No entanto, também nesta secção o *Manifesto* está mais próximo de nós do que da anterior geração. Na época do florescimento da Segunda Internacional, quando o marxismo parecia exercer um domínio indiviso, poderia considerar-se que as ideias do socialismo pré-marxista se tinham afundado definitivamente no passado. Hoje, as coisas são diferentes. A decomposição da social-democracia e da Internacional Comunista engendra, a cada passo, monstruosas recaídas ideológicas. O pensamento senil parece tornar-se infantil. Na busca por panaceias, os profetas da época do declínio capitalista redescobrem doutrinas há muito enterradas pelo socialismo científico.

É no tocante aos partidos da oposição que as décadas decorridas introduziram as mais profundas mudanças, não somente no sentido de os velhos partidos terem sido há muito varridos por novos partidos, mas também no sentido de o próprio carácter dos partidos e as suas mútuas relações terem sido radicalmente alterados sob as condições da época imperialista. O *Manifesto* precisa, assim sendo, de ser complementado com os mais importantes documentos dos primeiros quatro congressos da Internacional Comunista, com a literatura bolchevique essencial e com as decisões das conferências da Quarta Internacional.

Acima assinalámos como, de acordo com Marx, nenhuma ordem social se retira de cena sem primeiro exaurir as potencialidades em si latentes. No entanto, mesmo uma ordem social antiquada não cede o seu lugar a uma nova ordem sem resistência. Uma mudança de regimes sociais pressupõe a mais dura forma de luta de classes, *i.e.*, a revolução. Se o proletariado, por qualquer razão, se mostrar incapaz de derrubar com um audacioso golpe a caduca ordem burguesa, então o capital financeiro, na luta por manter o seu instável domínio, não pode senão transformar a pequena-burguesia por si arruinada e desmoralizada no exército de pogroms do fascismo. A degeneração burguesa da social-democracia e a degeneração fascista da pequena-burguesia estão interligadas como causa e efeito.

No momento presente, a Terceira Internacional executa em todos os países, e muito mais conscientemente do que a Segunda, a função de enganar e desmoralizar os trabalhadores. Ao massacrar a vanguarda do proletariado espanhol, os desenfreados mercenários de Moscovo não só preparam o caminho ao fascismo como cumprem ainda uma boa parte dos labores deste. A protelada crise da revolução internacional, que se está a tornar cada vez mais uma crise da cultura humana, é redutível, no essencial, à crise de direcção revolucionária.

Como herdeira da grande tradição na qual *O Manifesto do Partido Comunista* constitui o mais precioso elo, a Quarta Internacional está a educar novos quadros para dar solução a velhas tarefas. Teoria é a realidade generalizada. É numa atitude honesta perante a teoria revolucionária que se encontra a expressão do apaixonado ímpeto de reconstruir a realidade social. Que os nossos correligionários tenham sido os primeiros a traduzir o *Manifesto* para africâner na extremidade sul do continente negro é mais uma clara ilustração do facto de que o pensamento marxista vive hoje unicamente sob a bandeira da Quarta Internacional. A ela pertence o futuro. Quando o centenário do *Manifesto* for celebrado, a Quarta Internacional ter-se-á tornado a força revolucionária decisiva no nosso planeta.

Leon Trotsky
Coyacán, 30 de Outubro de 1937

ESQUERDA REVOLUCIONÁRIA

ESQUERDA **REVOLUCIONÁRIA** é uma organização marxista internacionalista que defende um programa para a transformação socialista da sociedade. Desenvolvemos a nossa actividade nos movimentos sociais, nos sindicatos de classe, nas lutas operárias, entre a juventude e o movimento feminista anticapitalista, trazendo as ideias do socialismo e lutando contra a opressão de género, contra o fascismo e o racismo. Se queres juntar-te a nós ou saber mais sobre nós, envia-nos os teus dados e entraremos em contacto contigo.

esquerdarevolucionaria.net

Estado espanhol: izquierdarevolucionaria.net
Alemanha: offensiv-marxisten.blogspot.com
México: izquierdarevolucionariamx.net
Venezuela: izquierdarevolucionariave.net